MEMÓRIAS DA PRINCESA

MEMÓRIAS DA PRINCESA

OS DIÁRIOS DE *Carrie Fisher*

Tradução
Patrícia Azeredo
Thaíssa Tavares

1ª edição

Rio de Janeiro | 2016

CIP-BRASIL. CATALOGAÇÃO NA PUBLICAÇÃO
SINDICATO NACIONAL DOS EDITORES DE LIVROS, RJ

Fisher, Carrie, 1956-

F565d   Memórias da princesa: Os diários de Carrie Fisher / Carrie
Fisher; tradução Patrícia Azeredo, Thaíssa Tavares. – 1. ed. –
Rio de Janeiro: Best*Seller*, 2016.
il.

Tradução de: The Princess Diarist
ISBN 978-85-465-0018-5

1. Fisher, Carrie, 1956 – Narrativas pessoais. 2. Star Wars
(Filme) – Representação cinematográfica. 3. Atores e atrizes de
cinema – Estados Unidos – Biografia. I. Título.

16-36790   CDD: 927.9143028
                                                        CDU: 929:791

Texto revisado segundo o novo Acordo Ortográfico da Língua Portuguesa.

Título original:
THE PRINCESS DIARIST
Copyright ©2016 by Deliquesce, Inc.
Copyright da tradução © 2016 by Editora Best Seller Ltda.

Todos os direitos reservados, incluindo o direito de reprodução, no todo ou
em parte sejam quais forem os meios empregados. Esta edição é publicada
sob acordo com a Blue Rider Press, um selo do Penguin Publishing Group,
uma divisão da Penguin Random House LLC.

Editoração eletrônica: Abreu's System
Design da capa original: Ben Denzer e Rachel Willey
Adaptação da capa original: Sense Design & Comunicação
Lettering: Sense Design & Comunicação
Foto de Carrie Fisher como Leia: Cortesia Lucas Films
Ilustração da capa: Shutterstock
Foto da quarta capa: Paul Mocey-Hanton

Todos os direitos reservados. Proibida a reprodução,
no todo ou em parte, sem autorização prévia por escrito da editora,
sejam quais forem os meios empregados.

Direitos exclusivos de publicação em língua portuguesa para o Brasil
adquiridos pela
Editora Best Seller Ltda.
Rua Argentina, 171, parte, São Cristóvão
Rio de Janeiro, RJ – 20921-380
que se reserva a propriedade literária desta tradução

Impresso no Brasil
ISBN 978-85-465-0018-5

Seja um leitor preferencial Record.
Cadastre-se e receba informações sobre nossos lançamentos e nossas promoções.

Atendimento e venda direta ao leitor
mdireto@record.com.br ou (21) 2585-2002

PARA

George Lucas
Harrison Ford
Mark Hamill
J. J. Abrams
Rian Johnson

Era o ano de 1976...

As *Panteras, Laverne & Shirley* e *Family Feud* estrearam na TV.

Em uma garagem, Steve Wozniak e Steve Jobs fundaram a Apple.

O órgão governamental responsável pelo controle de alimentos e medicamentos baniu o corante vermelho amaranto, após descobrir que causava tumores nas bexigas dos cães.

Howard Hughes morreu de falência renal, aos 70 anos, em um jatinho particular a caminho do hospital de Houston. Hughes tinha o valor estimado de 2 bilhões de dólares e pesava cerca de 40 quilos.

O romance de estreia de Anne Rice, *Entrevista com o vampiro*, foi publicado.

Israel resgatou 102 passageiros, de um voo da Air France, que estavam sendo feitos reféns no aeroporto de Entebbe, em Uganda.

A rainha enviou o primeiro e-mail real, Londres foi bombardeada pelo IRA e pelo Sex Pistols. E "Bohemian Rhapsody", da banda Queen, chegou ao topo das paradas.

Claudine Longet, ex-mulher de Andy Williams, alegou ter matado acidentalmente Spider Sabich, seu amante esquiador, a tiros.

Um congressista da Pensilvânia ganhou a reeleição para o 12º mandato, apesar de ter morrido duas semanas antes.

Caitlin Jenner, ainda Bruce na época, ganhou a medalha de ouro olímpica no decatlo e o título de "maior atleta do mundo".

Tantas coisas estavam acontecendo.

O primeiro surto de Ebola aconteceu na África. Houve pânico devido à gripe suína. E, em um hotel contaminado da Filadélfia, a doença dos legionários matou 29 pessoas.

Um golpe militar depôs a presidenta argentina, Isabel Perón.

Sal Mineo foi esfaqueado até a morte, e Agatha Christie e André Malreaux morreram, mas não morreram juntos.

Saul Bellow ganhou o prêmio Pulitzer por *O legado de Humboldt* e o prêmio Nobel de Literatura pelos seus consideráveis trabalhos.

O assassino conhecido como filho de Sam matou sua primeira vítima.

Levantes em Soweto marcaram o início do fim do apartheid na África do Sul.

A banda de rock que viria a ser o U2 foi formada.

A Associação de Tênis dos Estados Unidos impediu a transexual Renee Richards de jogar o Aberto dos Estados Unidos.

Rede de intrigas nos deu a icônica tirada de Howard Beale: "Eu enlouqueci e não vou mais aguentar isso" e Paul Simon ganhou o Grammy de álbum do ano por *Still Crazy After All These Years*.

Jimmy Carter ganhou de Gerald Ford, mesmo após declarar, numa entrevista à Playboy, que cobiçava mulheres em seu coração.

Ryan Reynolds e Benedict Cumberbatch nasceram, assim como Colin Farrell, Rashida Jones, Alicia Silverstone, Rick Ross, Anna Faris, Peyton Manning, Audrey Tautou, Ja Rule e Reese Witherspoon.

George Harrison é condenado por plagiar a música "He's So Fine" em "My Sweet Lord".

O.J. Simpson fez o melhor jogo de sua carreira com sua corrida pelo Buffalo Bills, batendo o então recorde de 250 metros (273 jardas) e fazendo dois *touchdowns* contra o Detroit Lions.

Mao Tsé-Tung morreu.

A Suprema Corte restabeleceu a pena de morte, decretando que essa punição não era particularmente cruel ou incomum.

O grupo The Band tocou seu show de despedida em São Francisco.

Elizabeth Taylor e Richard Burton se separaram após quatro meses de um casamento que havia sido precedido por 16 meses de divórcio.

Os Estados Unidos da América celebraram o bicentenário.

Acho que você consegue imaginar. Foi um ano em que, como em todos os outros, muitas coisas aconteceram. As pessoas apareciam na TV ou nos filmes, compunham músicas que eram mais apreciadas que outras, enquanto outras pessoas se destacavam nos esportes e, como sempre, muitas pessoas talentosas e famosas morreram. Mas além disso tudo, uma grande coisa que estava começando a acontecer era — e que ainda, mesmo depois de todas essas décadas, não parou de acontecer — *Star Wars*.

Estávamos filmando *Star Wars* em Londres, em 1976, e nenhum de nós do elenco fazia ideia do quanto nossas vidas seriam significativamente alteradas quando o filme fosse lançado, no ano seguinte.

CORTA PARA: 2013. Muitas das mesmas coisas estavam acontecendo, só que mais rápido e de maneira mais intensa. E George Lucas anunciou que a franquia *Star Wars* estava recomeçando e que o elenco original estaria nela.

Fiquei surpresa. Tão surpresa quanto é possível ficar depois de quarenta anos. Quer dizer, eu até imaginei que fariam mais filmes de *Star Wars*. Não que eu pensasse muito nisso, mas duvidava que estaria neles. E agora tudo indicava que sim! Viva!

Não que eu goste de aparecer na tela. Não gostava quando estava na idade em que *poderia* gostar, e agora ainda existem o 3D e a alta definição, então todas as rugas e imperfeições precisam ter seus próprios empresários. Por isso, se eu não gostava na época, *jamais* vou gostar agora ou no futuro. O chato é que eu não conseguiria assistir ao novo filme se não estivesse nele. Mas que se foda! Alguém poderia me contar tudo!

Se eu iria participar de um novo filme de *Star Wars*, não precisaria mais fazer tantos eventos por aí! Eles teriam que me pagar *alguma coisa*, mesmo que a nuvem de dúvidas pudesse ser lançada de modo fácil e gradual sobre esse possível fato com base em parte do histórico da Star Wars Company (Sem merchandising! Se bem que talvez eu receba algum cachê desta vez.)

Além disso, eles não nos dariam escolha quanto a querer estar nesse filme. E poderiam facilmente tirar qualquer um de nós do roteiro. Bom, talvez não tão facilmente, mas eles poderiam nos tirar do roteiro se discutíssemos muito sobre o quanto gostaríamos de receber pelo trabalho. Quando digo "nós", quero dizer "eu".

Por mais que tenha feito piadas com *Star Wars* ao longo dos anos, eu *gostei de estar naqueles filmes*. Especialmente pelo fato de ter sido a única garota em uma fantasia de garotos. Foram filmes divertidos de fazer. Uma brincadeira que durou por tempo inimaginável.

Eu *gostei* de ser a Princesa Leia. Ou do fato de a Princesa Leia ser eu. Ao longo do tempo, passei a imaginar que nós duas viramos uma só. Acho difícil você pensar em Leia sem que eu esteja em algum lugar desse pensamento. E não estou falando de masturbação. Então, a Princesa Leia somos nós.

No fim das contas, eu conseguiria pagar quase todas as minhas despesas gerais, senão todas, de novo! Talvez não agora, mas em breve. Claro, se não fosse em breve para cacete, eu estaria pagando as contas de um apartamentozinho, mas pelo menos conseguiria voltar a comprar coisas que não preciso e em quantidades desnecessárias.

Talvez até passasse na Barney's em breve! A vida é boa! A vida pública, que significa piscinas, astros de cinema...

E assim, senhoras e cenoures, foi como toda a minha nova aventura de *Star Wars* recomeçou! Como um flashback de ácido, só que intergaláctico, presente e essencialmente real!

Quem eu acho que seria se não tivesse sido a Princesa Leia? Eu sou a Princesa Leia ou ela sou eu? Veja a diferença e você vai estar mais perto da verdade. *Star Wars* era e é o meu emprego. Eles não podem me demitir e eu nunca vou conseguir pedir demissão. Por que eu faria isso? (Essa é tanto uma pergunta retórica quanto real.)

Hoje, ao me deparar com algumas caixas contendo antigos textos que escrevi, eu achei os diários que mantive durante as gravações do primeiro filme de *Star Wars*, há 40 anos atrás. Fique ligado.

A vida antes de Leia

Dois anos antes de *Star Wars,* atuei em um filme chamado *Shampoo*, estrelado e produzido por Warren Beatty e dirigido por Hal Ashby. Interpretei a filha rebelde e promíscua de Lee Grant, que acaba transando com o protagonista, o amante/cabeleireiro da mãe, interpretado, é claro, por Warren. Foi ele, junto com o roteirista Robert Towne, quem me contratou para o papel da filha revoltada.

Na época, a última coisa que eu queria era entrar para a indústria do entretenimento, uma ocupação instável que distribuía doses homeopáticas de desconforto e humilhação como lanches mornos em exibições de filmes. Esse desconforto era alimentado pela diminuição quase invisível, ao longo do tempo, da popularidade de uma pessoa. Primeiro você está no cinema, com pequenos papéis em longas populares. Depois, se acontecer o que todos os atores esperam, vem o estrelato e você passa a ter, da noite para o dia, o sucesso que levou anos tentando conseguir.

Perdi a fase eufórica do início da ascensão dos meus pais ao sucesso. Entrei em cena quando minha mãe, Debbie Reynolds, ainda era convidada para boas produções de grande orçamento na MGM. Porém, à medida que fui crescendo e lentamente ganhando consciência, observei que os filmes não eram mais os mesmos. O contrato da minha mãe venceu quando ela tinha 30 e poucos anos. Lembro que ela estava com 40 quando fez o último filme. Era de terror, se chamava *Obsessão sinistra*, e o colega de cena, longe de ser Gene Kelly em *Cantando na chuva*, era Shelley Winters, que a matou um tanto impensadamente no final da história.

Logo depois disso, ela começou a se apresentar em clubes noturnos de Las Vegas no agora fechado Desert Inn Hotel. Coincidentemente, eu também trabalhava em clubes noturnos, cantando *I Got Love* e *Bridge Over Troubled Water* no show dela. Foi um passo imenso para mim depois do ensino médio. Meu irmão mais novo, Todd, me acompanhava no violão, e as backing vocals da minha mãe dançavam e cantavam atrás de mim (algo que, em alguns momentos estranhos da vida, eu desejei que elas continuassem fazendo).

Mais tarde, minha mãe levou uma versão modificada desse show para os teatros e feiras ao longo do país. Em seguida, ela fez um musical na Broadway. Eu fui uma de suas backing vocals. Ela continuou a fazer esse show em clubes noturnos pelos quarenta anos seguintes, com investidas em séries para a TV e papéis menores no cinema (mais notavelmente no filme *Mãe é mãe*, de Albert Brooks).

Meu pai, Eddie Fisher, tocou em clubes noturnos até não ser mais chamado, e quando isso aconteceu, foi em parte porque ele não era mais relevante como crooner e em parte porque estava mais interessado em sexo e drogas. Usar anfetaminas por treze anos prejudica qualquer carreira que você esteja tentando manter, pode perguntar por aí.

Periodicamente ele conseguia um contrato para escrever um livro ou... bem, na verdade é só isso. Ninguém correria o risco de contratá-lo para cantar. Ele podia muito bem não aparecer, além de ter a extensão vocal gravemente limitada pelo estilo de vida degenerado que levava. E as pessoas tinham dificuldade para perdoá-lo pelo fato de ter trocado minha mãe por Elizabeth Taylor, muitos anos antes, o que o levou a ser visto pelo resto da vida como "o grosseirão da América".

Um dia, quando tinha uns 12 anos, eu estava sentada no colo da minha avó — o que não era uma boa ideia na minha idade, já que Maxine Reynolds não era exatamente uma pessoa carinhosa, para dizer o mínimo — quando ela subitamente perguntou para minha mãe:

— Você conseguiu os ingressos para *Annie* que eu pedi?

Ela olhou para minha mãe de modo desconfiado. (Minha avó tinha três olhares: encarada hostil, encarada desconfiada e encarada decepcionada — decepção ativa, decepção vigorosa e decepção condescendente.)

— Desculpe, mamãe. Tem alguma outra peça que você queira ver? *Annie* está esgotado para o mês inteiro. Tentei de todas as formas — minha mãe respondeu.

Minha avó fez um bico, dando a impressão de ter sentido um cheiro ruim. Depois expirou pelo nariz e pronunciou um decepcionadíssimo "Hmmmmmm" antes de dizer:

— Antigamente ser a Debbie Reynolds significava alguma coisa nesta cidade. Agora ela não consegue nem arranjar uns míseros ingressos para o teatro.

Involuntariamente, apertei minha avó, como se, fazendo isso, eu pudesse tirar todos os comentários aviltantes daquele corpinho atarracado. Episódios como esse me fizeram decidir: Eu nunca quis estar na indústria do entretenimento.

Então, por que eu concordei em visitar as filmagens de *Shampoo* se eu sabia que poderia haver naquele filme um papel perfeito para mim? Vai entender. Talvez eu quisesse saber como era ser desejada por Warren Beatty de alguma forma. Em todo o caso, aos 17 anos eu não via aquilo como escolha de carreira. Ou talvez eu estivesse me enganando. Deus sabe que não seria a última vez na vida em que eu faria isso. Enganar a si mesmo não exige senso de humor, mas o senso de humor é bem útil para quase todo o resto. Especialmente para os momentos mais sombrios, dos quais aquele não chegava nem perto em termos de gravidade.

Consegui o papel de Lorna em *Shampoo*. Lorna, a filha de Jack Warden e Lee Grant. Eu tive basicamente uma cena, e foi com Warren, que interpretava o cabeleireiro e amante da minha mãe e de todos no filme. Minha personagem não gostava da mãe e nunca tinha feito o cabelo (isto é, dormido com o cabeleireiro).

Será que o fato de Lorna nunca ter feito o cabelo era uma forma de se revoltar contra a mãe? Possivelmente. Flertar com o cabeleireiro da mãe era uma maneira de ferrar com a mãe babaca dela? Definitivamente. Lorna ficaria chateada se o pai dela descobrisse? Provavelmente. Ou não. Você decide.

No filme, eu sou descoberta na quadra de tênis enquanto faço uma aula. Você sabe disso por que estou usando roupa específica para jogar tênis, segurando uma raquete e parada ao lado de um profissional do tênis que lança as bolas enquanto eu observo Warren chegar. Eu o informo de que minha mãe não está em casa e o levo até a cozinha, onde pergunto se ele está fazendo aquilo com minha mãe e se ele quer algo para comer. Eu digo que nunca fui a um cabeleireiro, que sou totalmente diferente da minha mãe e pergunto se ele quer foder. A cena acaba no momento em que faço essa proposta e corta para mim no quarto, pós--coito, recolocando o lenço na cabeça.

Por que eu usava um lenço? — você provavelmente não perguntou. Porque eu, Carrie, tinha cabelo curto, do tipo que você tem quando costuma ir ao cabeleireiro, então precisei usar uma peruca para mostrar que as visitas ao salão não faziam parte da agenda da personagem. Eu usei um lenço porque ele disfarçava a peruca. A outra grande pergunta que você provavelmente não está fazendo é: eu usei sutiã por baixo da roupa de jogar tênis? (Se não usei, por quê?).

Simples. Alguém perguntou a Warren, o astro, um dos roteiristas e produtor de *Shampoo*, se ele gostaria que eu usasse sutiã por baixo das roupas de tênis. Warren olhou atentamente na direção dos meus seios.

— Ela está usando agora?

Fiquei lá, em pé, como se os meus seios e eu estivéssemos em outro lugar.

— Sim — admitiu Aggie, a figurinista.

Warren fez um biquinho, pensativo.

— Vamos ver como fica sem.

Segui Aggie para meu trailer, que parecia uma gaiola de hamsters, e tirei o sutiã. Depois, fui imediatamente enviada para o escrutínio de Warren. Mais uma vez ele olhou para meu tórax, impassível.

— Isso é sem? — perguntou ele.

— Sim — resmungou Aggie.

— Vamos sem — ordenou ele, direto.

Meus seios e eu seguimos Aggie de volta ao camarim e o assunto foi encerrado. É possível lançar olhares lascivos para meus seios desprovidos de sutiã em *Shampoo* no YouTube (ou MasturbaTube), assim como para meu visual sem-calcinha-no-espaço no primeiro *Star Wars* e o biquíni metálico (ou Assassino de Jabba) no terceiro (agora confusamente conhecidos como *Episódios IV e VI*).

Minhas duas cenas em *Shampoo* levaram apenas alguns dias para serem filmadas. Quando ficaram prontas, voltei a morar em casa com minha mãe e meu irmão mais novo, Todd, esperando não continuar ali por muito tempo, pois um dia era tempo demais para mim, que agora era a rainha da cocada preta.

Eu nunca tinha feito um teste como o que fiz com Terrence Malick, diretor de *Cinzas no paraíso*. Lembro-me de ter ficado mais de 1 hora conversando com ele. Não era só eu falando, graças a Deus, embora eu realmente ache que a ênfase estava em me conhecer e saber como eu era. Afinal, não fui *eu* que tinha ligado para *convidá-lo* para conversar sobre um filme que *eu* estava fazendo.

Também lembro de ter revelado demais sobre mim, um hábito que só fazia aumentar à medida que eu envelhecia. Mas na adolescência eu ainda não tinha um repertório tão grande de piadas. Uma das minhas favoritas daquela época tinha a ver com o comediante Rip Taylor — que era parceiro de minha mãe num show em Las Vegas — e seu secretário gay, Lynn.

Eu tinha uma paixonite por Lynn. Ele era bonito, usava gravata plastrão e era muito delicado. Parecia que, se você respirasse em cima dele, Lynn cairia como uma folha ao vento. Ele me chamava de maçã do amor e nós dávamos uns amassos no ônibus da equipe.

Se eu estivesse no ensino médio em vez de fazendo shows com minha mãe, teria encontrado locais adequados para trazer meus sentimentos adolescentes à tona. E também teria vivido como adolescente, mas, como eu não tinha essa vida, me apaixonava por homens gays.

Além de Lynn, houve Albert, dançarino e companheiro de Debbie no espetáculo *Irene*, da Broadway. Ele era atraente, gay (embora minha opinião desinformada diga que você não o consideraria gay) e nós dávamos uns amassos nos camarins. Minha mãe sabia de tudo, então que porra era aquela? Eu tinha 15 anos (portanto, legalmente não podia fazer sexo) e a ouvi dizer:

— Se você quiser transar com o Albert, eu posso assistir para dar orientações.

Para ser justa, minha mãe estava com a cabeça em outro lugar naquele tempo. A vida estava desabando, então ela tentava me oferecer algum lastro de amor materno e/ou excêntrico.

Não há muitos momentos perfeitos para revelar uma história como essa, então eu tenho certeza de que Terry Malick ouviu falar de Lynn, Albert e minha mãe. Ele parecia o tipo de gente que se interessa em ouvir qualquer história esquisita que te faz sentir assustado e solitário. Terry fazia muita improvisação em seus filmes, então essas entrevistas podem ter sido sua maneira de descobrir se os atores e atrizes estavam confortáveis e confiantes. (Eu sou uma pessoa *muito* confortável comigo mesma e confiante. Só queria que não houvesse tanto espaço para esse conforto todo.)

Fizemos várias reuniões desse tipo até Malick decidir que eu deveria ler o roteiro com John Travolta. Na época, John era famoso pela comédia televisiva *Welcome Back, Kotter*.

Parecia senso comum que John tinha o "caminho interior" para o papel principal de *Cinzas do paraíso*, e, nas poucas vezes em que lemos o texto juntos, ele e eu tivemos uma química perfeita. Como dois recipientes contendo líquidos inflamáveis, nós borbulhávamos confortavelmente juntos. Se John fosse o protagonista de *Cinzas do paraíso*, eu seria a estrela ao lado dele? A perspectiva parecia boa para mim.

Contudo, por algum motivo, John não pôde fazer o filme. Então ele saiu e Richard Gere entrou. Li o roteiro com Richard Gere. Vamos dizer apenas que nossos recipientes não borbulhavam de compatibilidade. Foi quando eu saí e entrou Brooke Adams. Minha potencial carreira como atriz mais ou menos séria tinha acabado, pelo menos naquele momento. Seria preciso mais do que *Os irmãos Cara-de--Pau* para fazer as pessoas pararem de pensar em mim como Princesa Leia.

Cinzas do paraíso foi um filme maravilhoso e talvez tivesse me livrado um pouco de Leia, mas minha cruz levíssima a carregar seria o fato de ser eternamente conhecida como Princesa Leia e não como Aquela Garota que Estava Ótima em uma das Primeiras Obras-Primas de Terry Malick.

Fiz testes para outros filmes (*Grease: Nos tempos da brilhantina* e *O golpe do baú*) e me inscrevi em duas escolas de atuação na Inglaterra. A Royal Academy of Dramatic não quis saber de mim, mas a Royal Central School of Speech and Drama, cujos alunos notáveis incluíam Laurence Olivier, Harold Pinter e as irmãs Redgrave, disse sim.

Era isso que eu esperava: a oportunidade de não morar mais na mesma casa, ou no *mesmo país,* que a minha recém-divorciada e recém-quase falida mãe. Como bônus, eu teria uma experiência real de atuação, que nunca tinha tido, em parte por não ter muita certeza se queria ser atriz. Mas talvez fosse algo que eu pudesse fazer sem diploma de ensino médio ou qualquer tipo de habilidade reconhecida, um emprego que me pagasse o suficiente para poder sair pelo mundo e começar o que debochadamente chamaria de minha vida real.

Quando comecei a frequentar a Royal Central School of Speech and Drama, eu tinha 17 anos e era a aluna mais jovem de lá. Foi a primeira vez que realmente morei sozinha. Finalmente estava longe da minha mãe (que me fazia muito feliz ao me sustentar, mas não ao conviver comigo), em um apartamento que subloquei de um amigo, onde não podia decepcionar ninguém. E, se alguém estranhamente se decepcionasse, eu não me importaria, porque não seria ninguém da minha família.

De cabeça para baixo e inconsciente com os olhos amarelos

George Lucas fazia seus testes para *Star Wars* em um escritório em Hollywood. Ficava em um desses prédios cor de creme que imitam o estilo espanhol dos anos 1930, telhas laranja escuro e janelas com grades de ferro pintadas de preto, com calçadas que por sua vez eram decoradas com árvores, acho que eram pinheiros, do tipo que deixa cair frutos generosamente na rua lá embaixo, e interrompidas por pedaços secos de gramados que um dia tinham sido verdes.

Tudo era meio desgastado, mas coisas boas aconteceriam naqueles edifícios. Vidas seriam vividas, negócios prosperariam e homens iriam a reuniões, reuniões cheias de esperança, onde grandes planos seriam feitos e ideias seriam propostas. Porém, de todas as reuniões que já se realizaram naquele escritório específico, nenhuma poderia se comparar à escolha do elenco para o filme *Star Wars*.

Uma placa poderia ser colocada na entrada do prédio dizendo: "Neste local foram realizadas as sessões de escalação do elenco para *Star Wars*. Neste prédio atores e atrizes entraram e saíram até restarem apenas três. Esses três acabaram interpretando os papéis principais: Han, Luke e Leia."

Já contei muitas vezes como consegui o papel de Princesa Leia — em entrevistas, montada a cavalo ou em CTIs. Então, se você já ouviu essa história antes, peço desculpas por exigir uma dose da sua paciência. Sei o quanto nós prezamos a cota de paciência que conseguimos acumular ao longo da vida e agradeço se você usar um pouquinho do seu estoque agora.

George me deu a impressão de ser mais baixo do que é porque falava pouco. Encontrei sua presença silenciosa pela primeira vez nesses testes, o primeiro dos quais ele fez com o diretor Brian De Palma. Brian estava escolhendo o elenco para o filme de terror *Carrie, a estranha,* e ambos procuravam uma atriz entre 18 e 22 anos. Eu tinha 19 na época, então fiz teste tanto para George quanto para Brian.

George tinha dirigido duas outras produções até então: *THX 1138*, estrelada por Robert Duvall, e *Loucuras de verão*, com Ron Howard e Cindy Williams. Os papéis para os quais fiz teste com os dois diretores naquele primeiro dia foram o da Princesa Leia em *Star Wars* e o de Carrie em *Carrie, a estranha*. Achei que este último seria uma experiência divertida se eu conseguisse o papel: Carrie interpretando Carrie em *Carrie, a estranha*. Duvido que esse tenha sido o motivo para eu não ter avançado nos testes para *Carrie*, mas não ajudou, considerando que eu estava preocupada em acabar aparecendo em um pôster cômico anunciando um filme sério.

Eu me sentei diante dos dois diretores, atrás de suas respectivas mesas. O Sr. Lucas estava completamente mudo. Ele assentiu com a cabeça quando entrei na sala, e o Sr. De Palma assumiu a partir dali. Ele era um homem grande, e não só porque falava mais (ou simplesmente falava). Brian estava sentado à esquerda, ambos eram barbudos, o que fazia parecer que você poderia escolher entre tamanhos diferentes de diretor. Só que a escolha não era minha, era deles.

Brian limpou sua grande garganta de alguma coisa grande e disse:

— Vejo aqui que você atuou em *Shampoo*.

Eu sabia disso, então simplesmente aquiesci com um sorriso preciso e cheio de dentes brancos. Talvez eles me perguntassem algo que exigiria mais que um aceno de cabeça.

— Você gostou de trabalhar com Warren?

— Sim, gostei! — Essa foi fácil! Eu tinha gostado de trabalhar com ele, mas o olhar de Brian me disse que essa resposta não era suficiente.

— Ele foi...

Ele foi o quê? Eles precisavam saber!

— Ele me ajudou a trabalhar... bastante. Quer dizer, ele e o outro roteirista... Eles trabalharam comigo.

Ah, meu Deus. A coisa não estava indo bem.

O Sr. De Palma esperou um pouco e, quando viu que nada mais saía, tentou me ajudar.

— Como foi que eles trabalharam com você?

Ah, era isso que eles queriam saber!

— Eles me faziam repetir uma cena várias vezes, e sempre com comida. A gente comia em cena. Eu tinha que oferecer uma maçã assada para o Warren e depois perguntar se ele estava saindo com a minha mãe. Dormindo com ela, sabe?

George quase sorriu. Brian sorriu de fato.

— Sim, eu sei o que significa "sair com alguém".

Fiquei vermelha. Pensei em interromper a entrevista ali mesmo. Mas segui em frente.

— Não, não, esse era o meu texto. Eu perguntava: "Você está saindo com a minha mãe?". Porque eu odiava a minha mãe. Não na vida real, e sim no filme, em parte porque ela estava dormindo com o Warren, que fazia o cabeleireiro. A Lee Grant interpretava minha mãe, mas eu não tive nenhuma cena com ela, o que foi péssimo, porque ela é uma ótima atriz. E o Warren é um ótimo ator e também escreveu o roteiro, com o Robert Towne. Foi por isso que os dois trabalharam comigo. Com comida. Tudo parece muito mais natural quando você fala com comida na boca. Não que isso seja feito nos filmes. Talvez em um filme de terror, mas não sei como é a situação com alimentos no espaço.

A entrevista parecia fluir melhor.

— O que você fez depois de *Shampoo?* — perguntou George.

Reprimi o impulso de dizer que tinha composto três sinfonias e aprendido a fazer cirurgia odontológica em macacos, e preferi falar a verdade.

— Fui estudar na Inglaterra. Estudar atuação. Na Royal Central School of Speech and Drama. — Eu estava sem fôlego de tanta informação. — Quer dizer, eu não estudei, ainda estou estudando. Estou em casa por causa das férias de Natal.

Parei abruptamente para respirar. Brian estava assentindo, as sobrancelhas rumando na direção do cabelo em uma expressão parecida com surpresa. Ele perguntou educadamente sobre minha experiência na escola e eu respondi tão educadamente quanto, enquanto George só observava, impassível. (Eu descobriria depois que a expressão de George não era indiferente. Longe disso. Era tímida e analítica, entre outras coisas, incluindo inteligente, criteriosa e uma palavra parecida com "querida". Só que não era essa palavra porque era muito jovem, andrógina e, mais importante, George teria odiado.)

— O que você pretende fazer se conseguir um dos papéis para os quais está se candidatando? — continuou Brian.

— Quer dizer, isso realmente iria depender do papel, mas... acho que eu sairia. Quer dizer, eu sei que sairia. Porque... quer dizer...

— Eu sei o que você quer dizer — interrompeu Brian. A reunião continuou, mas eu não estava mais totalmente presente. Fiquei convencida de que tinha fodido tudo ao me revelar uma pessoa desleal. Abandonar a escola quando aparecesse o primeiro trabalho?

Assim que terminamos, apertei a mão de ambos e me encaminhei para a porta em direção à força obscura da ansiedade. A mão de George estava fria e firme.

Fui para o outro escritório sabendo muito bem que voltaria para a escola.

— Srta. Fisher — disse uma assistente de elenco.

Eu congelei — ou teria congelado, se não estivéssemos na ensolarada Los Angeles.

— Aqui estão as suas falas. Duas portas adiante. Você vai ler na frente da câmera.

Meu coração batia forte em todas as direções aonde uma pulsação conseguia ir.

A cena de *Carrie* envolvia a mãe (que seria interpretada de forma memorável por Piper Laurie). Uma cena sombria, em que as pessoas não estão bem. Mas a cena de *Star Wars* não tinha mãe alguma! Havia autoridade, confiança e comando na estranha linguagem usada por eles. Eu era assim?

Eu esperava que George achasse que sim, e então eu poderia fingir que era. Eu poderia fingir que era uma princesa cuja vida foi do caos à crise sem olhar para baixo entre um caos e outro e descobrir, para seu alívio, que o vestido não estava rasgado.

Não lembro agora de como me senti lendo as duas cenas. Posso apenas supor que fiquei me martirizando durante muito tempo e com muita intensidade: será que gostaram de mim? Será que me acharam gorda? Pensaram que eu parecia uma tigela de cereal com feições? Quatro pequenos pontos escuros em um grande rosto pálido e sem graça ("Mim, cara pálida, você, Tonto"). Será que eles me acharam bonita o suficiente? Será que fui agradável o suficiente a ponto de conseguir relaxar? De jeito nenhum, porque 1) Não havia qualquer resquício de relaxamento em mim, 2) Não havia relaxamento em lugar algum da indústria do entretenimento.

Mas George deve ter pensando que fui bem o bastante, pois pediu que eu voltasse. Eles me mandaram o roteiro de *Star Wars* para que pudesse praticá-lo antes da leitura seguinte. Lembro-me de abrir com cuidado o envelope de papel pardo que o continha, uma ponta de cada vez até retirar sua carga desconhecida. Não parecia nem um pouco diferente dos outros roteiros — papel tipo cartão em cada extremidade protegendo o papel comum do meio — cobertos de letrinhas rabiscadas. Não sei por quê, mas quis ler esse enredo em voz alta.

Entra Miguel Ferrer. Miguel, assim como eu, ainda não tinha certeza se queria ser ator. Mas ambos estávamos tão intrigados que continuamos nos aventurando. Assim como eu, ele vinha de um histórico com o *show business*. Seu pai era o ator Jose Ferrer, e sua mãe, a atriz/cantora Rosemary Clooney. Éramos amigos. Liguei para ele e pedi que lesse esse roteiro comigo. Ele chegou à casa da minha mãe (sua residência mais recente e infinitamente menor, desde a queda dramática de sua situação financeira devido a um segundo casamento que não deu certo) e foi para o meu quarto, no segundo andar.

Como todo jovem rapaz que queria ser ator em Hollywood na época, ele também tinha feito o teste para o filme, então estávamos ambos vagamente cientes do que vinha pela frente. Nós nos sentamos em minha cama e começamos a ler. Desde a primeira página — STAR WARS: UMA FANTASIA ESPACIAL —, as imagens e personagens saltaram das páginas. Não apenas para as nossas mentes, mas para as cadeiras e os outros móveis que estavam à nossa volta. Estou exagerando (um pouco), mas o enredo poderia ter pulado nos móveis, comido todos eles e bebido do sangue de um inglês, porque era tão épico quanto qualquer rima no estilo fe, fi, fo, fum que você já ouviu.

As imagens do espaço surgiam a nossa volta, os planetas e as estrelas flutuavam. A personagem que eu estava lendo, Leia, era sequestrada pelo perverso Darth Vader — sequestrada e pendurada de cabeça para baixo, quando o piloto contrabandista Han Solo (que era quem Miguel estava lendo) e seu copiloto Chewbacca, uma enorme criatura macaco, me resgatavam. Eu estivera (no roteiro) de cabeça para baixo, inconsciente e com os olhos amarelos. Nunca vou me esquecer daquela imagem. Quem quer ficasse com o papel da princesa chamada Leia faria isso. Eu tinha a grande chance de fazer isso. Talvez, se tivesse sorte, seria resgatada por Han e Chewbacca (Chewie!) das cavernas sob seja lá qual for o lugar onde eles tinham me torturado. E Chewie me carregaria, pendurada em seu ombro, passando por águas que batiam na altura das coxas enquanto escapávamos do mal (interplanetário).

Infelizmente, nenhuma dessas imagens se realizou devido à combinação das despesas e do fato Peter Mayhew (que foi contratado para interpretar Chewbacca, por causa da sua enorme altura de mais de dois metros) ter uma doença que o deixava impossibilitado de se levantar rápido e permanecer equilibrado. Para ele era impossível levantar qualquer tipo de peso. E meu peso, como todos na Lucaslândia podem se lembrar, era e permanece sendo dessa variedade de qualquer tipo de peso.

Mas posso garantir que qualquer garota selecionada para o papel da espirituosa Princesa Leia teria qualquer tipo de peso. Assim, quando Peter foi escolhido, a parte de levantar e carregar a princesa por cavernas de água dragada foi cortada. Mas também me lembro de ouvir que as cavernas encobertas pelas águas eram um cenário bem difícil de ser construído, por isso também foram cortadas; restando apenas uma Leia inconsciente e com os olhos amarelos. A maioria de nós sabe o quão barato é ou era interpretar um estado de inconsciência, então isso não seria um problema no orçamento, seria apenas inapropriado. Mas no momento em que você é privado da capacidade do Peter de carregar qualquer princesa espirituosa, e considera o custo inútil de cavernas subterrâneas cheias d'água, não importa o quão bela seja sua representação da inconsciência, não vai acontecer mesmo.

A Força penetrou em mim (de um jeito não-invasivo) através do roteiro, naquele dia com Miguel, e permaneceu desde então. Acabei fazendo a leitura para o filme com um novo ator, alguém que nunca tinha visto antes, mas ele também nunca tinha me visto. Aposto que ele lamentou todos os dias após aquela leitura comigo, se é que existe algum pesar para aquelas mãos fortes — e se alguém conseguia aguentar um peso ou uma namorada, com aquelas mãos, esse alguém era o Harrison. Lemos juntos numa sala do mesmo prédio em que havia conhecido George (e Brian De Palma). Estava tão nervosa quanto à leitura que não me lembro muito do Harrison, e levando em consideração o quão nervosa Harrison viria a me deixar, fiquei muito ansiosa mesmo.

Na semana seguinte, meu agente, Wilt Melnick, um cara que tinha sido agente da minha mãe, e agora era meu, ligou.

— Carrie? — perguntou ele.

Eu sabia meu nome. Então deixei que percebesse que eu sabia.

— Sim — respondi numa voz muito parecida com a minha. Minha, mas oca. Minha, mas não fazia diferença, porque meu estômago já tinha entrado em ação.

— Eles ligaram — disse ele.

Ótimo, porque isso era realmente tudo o que eu queria saber. Se ligaram, que ligaram e não o que disseram. Isso não importava.

— Querem você — continuou ele.

Houve um silêncio.

— Querem? Quer dizer, eles me quiseram? — perguntei.

Ele riu, depois eu ri. Larguei o telefone e corri para o jardim da frente e para a rua. Estava chovendo. Não chovia em Los Angeles. Estava chovendo em Los Angeles, e eu era a Princesa Leia. Nunca tinha sido a Princesa Leia antes, e agora seria ela para sempre. Nunca não seria a Princesa Leia.

Não tinha ideia da verdade profunda que isso caracterizava nem do quão longo era o para sempre.

Eles não me pagariam nada e me colocariam para voar na classe econômica — um fato que perseguiria minha mãe por meses. Mas eu era a Leia, e isso era tudo o que realmente importava. Sou a Leia. Posso morar até numa árvore, mas ninguém pode tirar isso de mim.

Nunca imaginei que de fato haveria um dia em que talvez desejasse que alguém tirasse isso de mim.

Os coques de Navarone

O filme seria rodado na Inglaterra, então, mesmo largando a escola, eu não teria que deixar a cena do crime. Meu amigo Riggs tinha me emprestado seu apartamento em Kensington, atrás da loja de departamentos Barkers, e foi lá que eu fiquei pelos três meses em que duraram as filmagens.

Eu me lembro de ter chegado ao set naquele primeiro dia tentando atrapalhar o mínimo possível. No estúdio em Borehamwood, a cerca de 45 minutos de Londres, tiraram minhas medidas para o figurino e fizeram testes de cabelo e maquiagem comigo. (A equipe era basicamente masculina. Era assim e basicamente continua sendo. É um mundo de homens; a indústria do entretenimento é carne masculina, com mulheres salpicadas generosamente nela como tempero.)

O penteado escolhido afetaria a maneira como todos, todos os seres humanos que já tenham ido ao cinema, me veriam pelo resto da vida. (E talvez até além. É difícil imaginar qualquer obituário na TV que não use uma foto daquela garotinha fofa de rosto redondo com um coque bobo de cada lado de sua cabecinha inexperiente.) Minha vida tinha começado, sem dúvida. Ali eu cruzava seu limiar, usando um longo e virginal robe branco e o cabelo de uma matriarca escolar holandesa do século XVII.

Ganhei o papel em *Star Wars* com a condição desanimadora de perder cinco quilos, então para mim a experiência foi menos "*Legal! Consegui um trabalho!*" e mais "Consegui um trabalho e machuquei o tornozelo". A taxa de 5% do agente não seria paga em dinheiro, mas em quilos a menos.

Então, fui para uma clínica de emagrecimento. No Texas. Não havia clínicas desse tipo em Los Angeles? As únicas respostas em que consigo pensar são: 1) Não, porque todo mundo em Los Angeles é magro; e 2) Não, porque era 1976, anos antes que toda essa cultura de exercícios físicos, obsessão com o corpo e emagrecimento se consolidasse. O único guru dos exercícios físicos da época era Richard Simmons, uma criatura extravagante de cabelo esquisito que lembrava vagamente o palhaço Bozo na versão gay, a menos que isso seja redundante, o que eu não tenho como saber, graças a Deus, porque não tenho experiência direta com o Bozo, graças a Deus.

Minha mãe recomendou a "Green Door" (Porta Verde), no Texas, mas provavelmente o nome era Golden Door ou algo do tipo, porque a única porta verde de que as pessoas tinham ouvido falar era o filme pornô *Atrás da porta verde*, conhecido por transformar sua estrela, Marilyn Chambers, se não em um grande nome do mundo artístico, ao menos em um grande nome do submundo artístico. (Eu assisti aos 15 anos, e nunca tinha ouvido falar em "boquete" antes.)

Na fazenda de emagrecimento do Texas, fui apresentada a Ann Landers (também conhecida como Eppie Lederer), uma famosa colunista de autoajuda, e a Lady Bird Johnson, que me colocaram embaixo de suas asas (obesas), um lugar desconfortável para estar. Lady Bird, quando me ouviu contar sobre *Star Wars*, pensou que eu tivesse dito *Car Wash: Onde acontece de tudo,* e Ann/Eppie me deu um monte de conselhos não solicitados sobre um jantar nada recompensador com uma perdiz de aparência queimada que parecia ter sido tostada e depois incendiada. Era mais do que suficiente. Com o coração pesado e o rosto mais pesado ainda, deixei a clínica uma semana depois que entrei.

Quando começamos a filmar, tentei me manter discreta, para que os chefões não notassem que eu não tinha perdido o peso que deveria. Eu só pesava cinquenta quilos, para começo de conversa, mas carregava metade deles no rosto. Acho que devem ter feito os coques em mim para que funcionassem como suportes de livros, mantendo meu rosto onde estava, entre as orelhas e nada mais que isso. Assim, eu fiquei lá, com as bochechas no lugar, meu rosto tão redondo quanto eu era baixinha.

Geralmente terminávamos de filmar por volta das 18h30, de segunda a sexta. Os integrantes menos sortudos do elenco, grupo que definitivamente me incluía, eram convocados para o set por volta das 5h. Eu acordava antes do amanhecer, era apanhada no meu apartamento em Kensington pelo divertido motorista Colin e levada por uma Londres que em boa parte ainda dormia até os seus arredores rosados, chegando uns 45 minutos depois à mureta nada austera dos estúdios Elstree, em Borehamwood.

Por que me pediam para chegar naquele horário ingrato? Que cadeia de comando monstruosa me escolheu entre outras atrizes que mereciam muito mais, naturalmente abençoadas com cachos grossos e ondulados na direção de suas cinturas?

Talvez a esta altura os fanáticos por ficção científica já tenham adivinhado. Sim, o horrendo e ridículo penteado de Leia! Dois apliques eram praticamente soldados em cada lado da minha cabeça. Primeiro um, depois o outro, esses longos cachos castanhos que, uma vez cruelmente encaixados em formato de fone de ouvido gigante, com uma destreza que nunca deixava de me surpreender, a cabeleireira, lenta e calculadamente, os moldava nos, agora famosos, coques de Navarone.

Pat McDermott foi designada para cuidar do meu cabelo no filme. Tendo usado apenas um penteado em *Shampoo*, eu não entendia como isso podia não ser uma tarefa simples. Coloque uma peruca, escove um pouco, fixe uns grampos e, *voilá*, cabelo pronto. O que poderia ser mais simples? Bom, essa tarefa simples acaba se complicando quando você pensa que o visual de Leia acabaria sendo copiado por crianças, travestis e casais envolvidos no que poderia ser considerado um ato sexual celebrado em *Friends*. Havia muito mais responsabilidade envolvida do que parecia à primeira vista. Claro que não tínhamos como saber isso no início. Então, Pat tentou providenciar o que lhe tinha sido pedido: um penteado incomum, para ser usado por uma garota de 19 anos que interpretava uma princesa.

Pat era irlandesa e tinha um sotaque adorável, que a fazia (ou lhe permitia, dependendo da manhã) se referir a um filme como "fiel-mi". Ela me chamava de "minha adorada" ou "minha mais querida": "Esse fiel-mi não é incrível, minha mais querida?" ou "Quem é esta, se não a minha adorada e esse penteado doido que eu faço nela todos os dias para o novo fiel-mi que estão fazendo?" Duvido que ela tenha falado a última frase para mim, mas poderia muito bem ter falado e ninguém questionaria.

Chegando tão cedo, eu inevitavelmente dormia na cadeira de maquiagem, uma garota simples, com o cabelo úmido e desarrumado, caindo pouco abaixo do ombro de qualquer camiseta pouco atraente que eu estivesse usando no dia, e acordava milagrosamente 2 horas depois transformada de "Quem raios é essa aí?" na magnífica e poderosa Princesa Leia Organa, que antes era de Alderaan e agora é de onde raios ela bem quiser.

Eu tinha incontáveis problemas com minha aparência em *Star Wars*. Verdadeiros, não aqueles que você revela para que as pessoas pensem que você é humilde enquanto você secretamente se acha adorável. O que eu via no espelho não era aparentemente o que muitos garotos adolescentes viam. Se eu soubesse a quantidade de masturbação que iria provocar... Bom, isso seria extraordinariamente esquisito de vários ângulos, e fico feliz que o assunto não tenha surgido. Mas quando homens, desde cinquentões até... bom, jovens demais para o conforto da idade permitida pela lei, quando homens me abordam para dizer que eu fui o primeiro amor deles, digamos que eu tenha sentimentos confusos.

Por que todos esses homens achavam tão fácil se apaixonar por mim na época e acham tão complexo se apaixonar por mim agora?

Não faço ideia de quanto tempo Pat e eu passamos juntas. Ela era a primeira pessoa que eu via de manhã e a última que eu via à noite. Mas a parte da manhã era a mais íntima. Como levava horas para meu cabelo ficar pronto, nós passávamos uma quantidade absurda de tempo arrumando assunto para conversar. O maior horror é sentar com alguém em silêncio. É o fundo do poço da conversação. Claro que você pode colocar uma música e sentar ou ficar em pé ali, sorrindo levemente, tentando fingir que não gostaria de estar em outro lugar, mas...

Os esboços dos penteados que Pat tinha recebido para usar como guia foram mostrados a mim. Olhei para ela, horrorizada, basicamente com a mesma expressão de quando vi os croquis do biquíni de metal. O biquíni que eu usei para matar Jabba (o momento favorito do meu histórico pessoal do filme), o que eu recomendo fortemente que você faça: encontre na sua mente o equivalente a matar uma gigantesca lesma espacial e celebre isso. Faz maravilhas quando sou atormentada por imagens sombrias do meu fone de ouvido cabeludo.

Então, Pat me mostrou uma série de looks exóticos, de princesas russas a donzelas suecas. Olhei para as imagens, levemente assustada. Não havia uma Lady Gaga para me orientar.

— É para eu usar isso aí?

Pat sorriu com simpatia:

— Nem todos. Apenas um. E tenho certeza que eles não vão querer que você vista algo de que não goste.

Eu duvidei. Pareciam as famosas últimas palavras de alguém.

— Você se preocupa demais — Paty sorriu, ajeitando meu cabelo.

Então, imagem por imagem, passamos por vários penteados que ficariam melhores acompanhados de tamancos de madeira, um avental e mangas brancas bufantes. O penteado provavelmente usado pela filha de um cacique asteca no dia do seu casamento. Tranças serpenteantes, cachos flutuantes e perucas imponentes. Eu me sentava desconfortavelmente na frente do espelho e observava enquanto penteados faziam com o meu rosto o que os espelhos de parques de diversão fazem com o seu.

— Isso não é um penteado. É um atentado.

Pat ria educadamente do que eu esperava que fosse considerado um trocadilho e continuava a escovar, prender, passar laquê, pentear. E após cada novo penteado eu olhava para o espelho, encarava meu rosto e lutava para fazer as pazes com minha aparência. Eu era adorável e tinha o rosto arredondado? Claro. Eu vejo isso desta distância segura, mas a maioria de nós parece melhor de longe.

Acabamos chegando à configuração do fone de ouvido cabeludo.

— Bom, o que você acha disso, querida? Seja sincera. Você vai ter que usar esse penteado por um bom tempo.

Ela não fazia ideia do quanto.

— Tudo bem — consegui responder. — Quer dizer, gostei mais que muitos dos outros! Digo, sem ofensa, mas...

— Ah, *imagine*, querida. Eu não me ofendi. Só estou tentando dar o que eles querem, embora eu não tenha certeza se eles sabem exatamente o que querem.

— Não podia ser alguma coisa... Mais simples? Por que o cabelo precisa ser... Sabe, tão...

— É um *fiel-mi* no espaço sideral, minha querida. Você não pode andar por aí usando o que vocês chamam de rabo de cavalo [e nesse momento ela puxou o meu rabo de cavalo!] com uma franja, não é mesmo?

Fiquei calada. Eu achava que o rabo de cavalo, depois de todas aquelas tranças e apliques, parecia, se não bom, preferível.

— Não mesmo. Então vamos, você e eu, dar outro showzinho para os chefões. Que tal?

— Certo — respondi rapidamente. — Vamos entrar lá e mandar...

Pat me encarou e eu dei um sorriso largo demais.

— Foda-se. Vamos ver o que vai dar!

Entramos no set de filmagem, Pat parecendo perspicaz e com a postura ereta, com seu cabelo grisalho e olhos azuis brilhantes. Eu, parecendo precisar de um vestido de tirolesa, um bode e tamancos de madeira para estar pronta para assumir meu lugar em *A noviça rebelde*. Chegamos a uma pequena tropa de menestréis viajantes em vez deste grupo: o primeiro diretor assistente, David Tomblin, o produtor Gary Kurtz, que devia estar sorrindo por baixo de seu look de sempre: hétero com barba de quacre, e George.

— Bom... — George praticamente disse alguma coisa. Dave Tomblin falou pelo grupo todo quando repetiu o que tinha dito após os seus atentados anteriores:

— Acho que esse é bem... lisonjeiro! — ele completou.

— O que você acha? — George me perguntou.

Lembre-se de que eu não tinha perdido os cinco quilos exigidos e achava que a qualquer momento eles iriam notar e me demitir antes mesmo de o filme começar. Então, eu respondi.

— Adorei!

Também foi nessa época que me apaixonei incontrolavelmente por um recurso de maquiagem que me envergonha até hoje: brilho labial. Eu usava tanto gloss que você podia escorregar e quebrar seus lábios se tentasse me beijar. Nunca entendi muito bem qual era a vantagem do brilho labial. Seria aumentar a quantidade de saliva que eu deixo quando lambo a boca? Mesmo se eu estivesse lambendo meus lábios de um jeito sedutor, isso ainda não explicaria aquela quantidade de brilho grudento. Nenhuma língua é molhada assim, e, se fosse, teria que ser a língua de um búfalo ou do meu cachorro, Gary, cuja língua tem o tamanho de dois quarteirões e lhe permite lamber os próprios olhos, se desejar. Mas, se você tivesse os fios de baba terrivelmente longos do Gary espalhados nos meus lábios ou nos de outra moça azarada, duvido que isso lhe desse aquele olhar sedutor. Daria mais um olhar assustador.

Dar a Leia aquele olhar altamente brilhante faria Vader ter medo de escorregar no meu brilho labial e cair em cima da máquina que o fazia respirar. E quem usa tanto brilho labial em uma batalha? Eu, claro. E Leia também.

A falecida atriz Joan Hackett era uma amiga muito mais velha que me ensinou várias coisas que minha mãe, sabiamente, ou não tanto assim, não conseguiu, incluindo o amor pelo gloss e a filosofia por trás dele. Depois disso, vi Joan em um filme que se passava no Velho Oeste e ela estava usando brilho em quantidade suficiente para encerar um carro. Funcionava com ela. Quase sempre. Mas, no fim das contas, eu aprendi que batalhas espaciais e brilho labial não combinam.

Não me lembro muito de detalhes como a ordem em que filmamos as cenas ou de quem eu fiquei mais amiga primeiro. E ninguém me contou que um dia me pediriam para lembrar desse negócio todo, que aconteceu há um tempão. Ou que um dia, e todos os dias depois desse dia, informações sobre *Star Wars* seriam extremamente desejáveis. Que haveria um apetite insaciável por elas, como se fosse alimento em uma fome mundial.

Para todos os lugares onde eu olhava, tudo era novo. Equipe britânica: nova. O jeito como eu era tratada: novo. A sensação de que tantas coisas eram possíveis que era difícil nomeá-las ou se concentrar nelas: muito nova.

Eu li o diálogo e me pareceu impossível. No meu primeiro dia eu tinha uma cena com Peter Cushing, que interpretava o Governador Tarkin. Era a cena em que eu deveria dizer: "Pensei ter reconhecido o seu fedor quando subi a bordo." Quem fala desse jeito, exceto talvez um pirata do século XVII? Olhei para aquilo e achei que devesse dizer algo como "Ei, Governador Tarkin, eu sabia que o veria aqui. Quando cheguei a bordo desta nave eu pensei: meu Deus! Que fedor é esse? Só pode ser o Governador Tarkin. Todo mundo sabe que o cara fede como um queijo que alguém encontrou no carro depois de sete semanas!" Então eu fiz dessa forma, mais mordaz do que emotiva. Destemida e agindo feito uma humana de verdade, mas não séria. Irônica. Uma garota de Long Island que não tem medo de você nem de qualquer pessoa que você conheça.

Isso foi quando George me deu a única instrução que recebi dele além da sugestão usual de dizer tudo o que você está dizendo "mais rápido" ou "mais intenso". Ele me chamou de lado e, com a voz muito solene, explicou:

— Isso é muito importante para a Leia. Muito. O planeta dela está prestes a ser explodido por esses caras. E isso significa que tudo o que ela conhece vai sumir para sempre. Então, você está muito transtornada. *Ela* está muito transtornada.

Ouvi com cuidado, porque tinha algumas das falas mais sinceras e antes disso não sabia se deveria dizê-las a sério. Quando você assiste ao filme, percebe que a voz que eu uso quando estou transtornada é vagamente britânica, e que a minha voz não transtornada é menos britânica.

Como eu fazia caretas quando as balas de festim saíam da minha barulhenta arma de laser, precisei fazer aulas de tiro com o policial que preparou Robert De Niro para o papel assustador e psicótico de *Taxi Driver*. Na verdade, não seria uma arma de laser até o momento da pós-produção. Daí a expressão "vamos consertar na pós." (Eu queria ser consertada na pós, mas isso não seria possível até a descoberta das injeções de colágeno na Polônia, no início dos anos 1980. Até onde eu sei, não existiam piadas polonesas com essa importante descoberta. Talvez isso aconteça porque ficar mais nova não seja motivo de chacota ou porque algo tão caro geralmente não é considerado engraçado a menos que seja injetado nos lábios. E então é tão doloroso que faz parecer ansiosa por aquela depilação de virilha cavadíssima que você marcou quando seus pelos ainda estavam curtos. Eu sei que as mulheres precisam parecer jovens por mais tempo, em parte devido ao fato de rugas não melhorarem a aparência geral de mulher alguma. E em parte porque eu não sei de muitos homens heterossexuais cujo objetivo seja obter um tipo de aparência de adolescente com frescor. Mas talvez eu não saia muito.)

Havia só mais uma mulher na equipe além de Pat McDermott e a "garota" da continuidade, e era Kay Freeborn. Kay era casada com Stuart Freeborn e os dois tinham um filho, Graham. Todos eles trabalhavam no filme fazendo maquiagem. Stuart era maquiador desde o tempo do cinema mudo, quando se usava muita maquiagem, já que a aparência era tudo. Para mim ele parecia ter uns 80 anos, então provavelmente devia ter uns 56 ou 60. Ele contava histórias enquanto maquiava você, enquanto o calor das luzes maiores que o usual aqueciam você. Kay basicamente era a responsável pela minha maquiagem, claro, pois ambas éramos mulheres, e, em um espaço totalmente masculino, tínhamos que nos unir. Mas Stuart também era conhecido por fazer minha maquiagem em algumas ocasiões.

Stuart parecia ter sempre um sorriso nos lábios (onde mais ele teria um sorriso?) enquanto passava pó de cima a baixo em você.

— Eu me lembro de quando maquiei Vivian Leigh para *Fogo por sobre a Inglaterra*, estrelado por ela e pelo futuro marido, Laurence Olivier. Eles se apaixonaram enquanto faziam o filme, mas ambos ainda estavam casados com outras pessoas, então só podiam se encontrar escondido. E lá estava eu, um jovenzinho na época. Parece difícil de acreditar agora, eu sei.

Eu interrompo aqui:

— Não! Você está ótimo!

Ele ria agradecido e continuava a história

— Bom, você é uma boa moça — ele dizia, aplicando rouge na minha bochecha com uma de suas várias esponjas.

— Ah, não sou! Não sou boa! Pode perguntar, eles vão dizer!

— Então lá estava eu trabalhando no batom da Srta. Leigh por quase 2 horas, pois o filme estava sendo feito em Technicolor e os lábios precisavam ser muito vermelhos, mas a pele tinha que ser levemente cinza.

Fiz uma careta:

— *Cinza?!*

Stuart riu enquanto passava para minha outra bochecha.

— Era para fazer o processo de quatro etapas do Technicolor. Não usam mais isso hoje. É complicado demais.

Minhas sobrancelhas eram as próximas a receber seu tratamento cinematográfico.

— Então lá estava eu. Levava 2 horas para fazer os lábios da Srta. Leigh ficarem perfeitos e, você não faz ideia, naquele dia eu estava quase acabando e lá estava ela, pronta para as câmeras, e quem entra senão Sua Senhoria. (Ele não era Sua Senhoria na época, claro, era apenas o novo ator Larry Olivier.) A maioria o chamava de Larry na época, mas para os estranhos ou os fãs ele era Laurence Olivier, estrela promissora em ascensão. Independente do nome como fosse chamado, contudo, ele veio, mergulhou e a beijou aqui e ali. Todo o meu trabalho, que tinha durado horas, como eu falei, foi jogado no lixo e não me restou nada a não ser começar tudo de novo.

Ele deu de ombros.

— Eu não podia fazer nada. Eles estavam apaixonados e era isso. Você só é jovem uma vez, é o que dizem. É triste, mas é verdade.

Carrison

Passei tantos anos sem contar a história de que Harrison e eu tivemos um caso no primeiro filme de *Star Wars* que é difícil saber exatamente como contar agora. Suponho que esteja escrevendo isso porque se passaram quarenta anos, e, seja lá quem nós fôssemos na época, superficialmente, pelo menos, não somos mais agora. Seja quem eu possa ter enfurecido na época, não teria disposição para se enfurecer agora. Mesmo que alguém se enfurecesse, eu não teria a mesma disposição para me sentir culpada quanto teria há trinta, vinte ou, bom, não teria como eu escrever isso nem há dez anos.

Não há muitos segredos na minha vida. Muitos argumentariam que certas histórias particulares devem ser mantidas em segredo. Mas isso não foi possível.

Carrison, porém, é um assunto ao qual eu apenas aludi vagamente nos últimos quarenta anos. Por quê? Por que não tagarelar sobre essa história como eu tagarelei sobre todo o resto? Será que esse era o único detalhe que eu queria guardar para mim? — bom, para mim e Harrison. Eu só posso especular. Há certas regras sobre ficar com alguém e sair falando por aí, não é? Eu gosto de pensar que isso só se aplica aos homens. E Harrison vem sendo muito bom em não falar sobre a parte dele na história. Mas só porque ele tem sido bom não significa que eu precise continuar a ser. O silêncio não dura para sempre, afinal.

Claro que eu não me sentia totalmente confortável para relatar o que aconteceu, ainda não me sinto e provavelmente vou continuar a não me sentir, seja lá em que ponto do futuro você esteja lendo isto, não só porque eu não sou necessariamente uma pessoa confortável no geral, mas porque Harrison era casado na época e também porque, sério, por que você contaria aos outros sobre algo assim a menos que você seja uma dessas pessoas que contam tudo para todo mundo, sem estar nem aí sobre a maneira como uma revelação específica pode afetar outras pessoas que aparecem na história?

Não que eu já tenha feito algo que possa estimular as pessoas a me considerarem algo remotamente parecido com a personificação da discrição. É verdade que eu falo muito. E realmente tenho a merecida reputação de divulgar ostensivamente informações que normalmente seriam de foro íntimo. Porém, embora eu realmente me exponha muito mais que o recomendável, antes de revelar algo que possivelmente seja o segredo de outra pessoa, costumo primeiro falar a essa pessoa sobre minha intenção. (Eu não sou ética? Achei que você pensaria assim também.)

Resolvi que minha história deve ser contada na medida em que se relacione a mim, mas, quando essa história inclui outras pessoas, preciso dar a elas a oportunidade de reclamar se pensam que eu as retratei de maneira errada ou injusta ou explicar por que não deveriam sequer ser mencionadas. Para alterar o que escrevi ou refletir sobre a lembrança (obviamente covarde) da experiência ou ser ainda mais fracotes e me pedir para retirá-las da história totalmente, diante da preocupação de que sua reputação e/ou vidas possam ser destruídas para sempre. Não quero fazer ninguém parecer idiota. Esse privilégio eu reservo a mim mesma.

Porque, com exceção de foder com a verdade sobre estar bêbada ou não em determinado momento ou ter roubado analgésicos do seu armário de remédios, eu não sou mentirosa. Preciso que você acredite nisso ou pare de ler. As lembranças podem ser diferentes no que diz respeito aos detalhes, mas não acho que minhas percepções sejam distorcidas. Ninguém me disse "Isso nunca aconteceu" ou "Eu não me lembro daquela noite assim *de forma alguma. Não* havia leprosos naquele grupo naquela noite." Quer dizer, se eu tiver uma duvidazinha sequer sobre algo ter acontecido ou não, então não conto a história. Não vale a pena.

No fim das contas, eu não só não sou mentirosa como não sou do tipo que exagera. Na verdade, eu gosto de diminuir um pouco os fatos para que tudo não pareça uma fila de drag queens dançando na terça-feira de carnaval.

Em alguns momentos eu queria ter uma existência mais calma, sábia e gerenciável que às vezes incluísse pausas e bocejos? Sem dúvida. Mas então quem eu seria? Muito provavelmente *não* seria alguém que, aos 19 anos, se viu tendo um caso com um colega de cena catorze anos mais velho e casado sem ao menos ter tido com ele uma conversa linear e significativa usando roupas.

Além disso, se eu não escrever sobre isso, outra pessoa vai escrever. Alguém sem conhecimento direto da "situação". Alguém que esperaria covardemente que eu morresse para especular sobre o que teria acontecido e me fazer aparecer mal na história. Não.

Embora ninguém pareça fazer a menor ideia de que o nosso caso amoroso ocorreu ou possa ter ocorrido, quarenta anos depois, aqui está a verdade. A verdade banal, romântica, doce e esquisita. A verdade que é Carrison.

Comecei a filmar *Star Wars* esperando ter um caso. Esperando ser vista pelas pessoas como algo entre sofisticada e vulgar, alguém que você pensaria ter estudado em um internato na Suíça com Anjelica Huston e aprendido a falar quatro idiomas, incluindo português. Um caso para uma pessoa assim seria uma experiência totalmente previsível e adulta.

Esse foi o meu primeiro caso, algo que, quando você para e pensa, não surpreende para uma mulher de 19 anos na década de 1970, e eu não sabia mesmo o que era necessário fazer para que algo do tipo acontecesse. Na época eu estava sempre buscando quem eu queria ser versus quem eu não percebia que já era. Aquele eu desejado provavelmente se baseava no que as outras pessoas pareciam ser e no desejo de ter o mesmo efeito em outras pessoas que elas provocavam em mim.

Eu sabia que seria péssima com os homens, em parte devido à forma como minha mãe lidou com eles, com seus dois divórcios e uma separação a caminho. Eu tinha essa certeza desde os 15 ou 16 anos, portanto precisava provar isso. Claro que a percepção não era confortável, mas era *minha* e eu ainda era jovem o bastante para ser considerada precoce. Uau! Eu podia prever o futuro! Talvez não pudesse consertá-lo ou alterá-lo nem que fosse um pouquinho, mas que se foda! Eu sabia o que vinha pela frente e não me importava em sentir pena de mim nesse futuro não tão distante que poderia não ser ótimo, mas eu o previ, nomeei, reivindiquei e tentei projetar a ilusão de que estava totalmente no controle.

Apesar de quase tudo ser novo para mim na época, era crucial que eu parecesse uma cidadã impassível da parte cansada do mundo: já estive lá e fiz não só isso como também aquilo e até aquilo outro algumas vezes. Não poderiam esperar que eu fizesse muito mais.

Esse sem dúvida era o motivo pelo qual um homem poderia facilmente supor que eu era rodada sem ter uma vaga ideia de onde eu comecei a rodar, para começo de conversa, ou que tipo de rodada eu fazia. Era com pirueta ou sem? Eu rodava pelas estradas? Ou seriam apenas ruas? Talvez quarteirões?

Fiz o melhor que pude para dar a impressão de ser o tipo de criatura irônica, divertida e desiludida. Uma garota às vezes falastrona, eufórica até, com praticamente nenhum senso de estilo e moda.

Simon Templeman, um garoto britânico que fez escola de atuação comigo, tinha sido meu único namorado até então, e nós namoramos por quase um ano antes de realmente dormirmos juntos, isto é, transarmos. Mas o que eu fiz ou não fiz com Simon, junto com uns amassos com três héteros e beijos em três gays, era basicamente a soma total da minha versão terráquea de experiências sexuais (e uma prévia empolgante do que estava por vir).

Claro que dediquei muito tempo a explorar o mundo das preliminares. Basicamente na parte rasa, contudo, pois a profundidade me dava, em tese, certa preocupação. E se eu fosse até lá e nunca mais voltasse? Nem sei o que me assustava tanto em relação ao sexo. Será que era o fato de, uma vez que você perde a sua virgindade, não tem volta e você não pode ser mais virgem? Nunca mais? Será o fato de minha mãe ser conhecida como Tammy, a escoteira? A última na fila das virgens, que me criou para ser uma garota muito boazinha, que se valoriza e que não é a menina que todo mundo quer? Ou será que era por causa do meu pai e seu entusiasmo olímpico pelo sexo?

Talvez fosse o espectro dos testículos atrofiados e balançantes do meu primeiro padrasto quando ele se levantava da cama sem a calça do pijama para ir ao banheiro. Testículos disponíveis para visualização noturna ao longo da minha infância e adolescência. Se isso era o que o futuro me reservava, uma réplica do que algum dia eu teria que apreciar com carinho, eu me agarraria ao meu presente abençoado sem pênis e testículos o máximo que pudesse. E essa possibilidade finalmente chegou ao fim quando Simon e eu começamos.

Sou uma pessoa que deseja muito ser popular. Não quero apenas que você goste de mim: quero ser um dos seres humanos mais indutores de alegria que você já conheceu. Quero explodir no seu céu noturno como fogos de artifício à meia-noite no réveillon de Hong Kong.

Ter pais famosos não faz os colegas do ensino médio gostarem de você. Descobri isso na nona série, quando ouvi duas garotas conversando enquanto andavam atrás de mim no corredor da escola. Uma disse para a outra, em um sussurro audível:

— Está vendo essa garota bem na nossa frente? Com aquela faixa na cabeça?

— Estou.

— É a filha da Debbie Reynolds. — Houve uma leve pausa antes de acrescentar — Ela se acha o máximo.

Uau, não é mesmo? Incrível como ela acertou perfeitamente quem eu era. Eu me achava mesmo incrível.

Claro que a maioria das pessoas deseja ser querida, eu acho. Especialmente quando você leva em conta a solidão das alternativas. Até mesmo aqueles que estão mais à margem da sociedade, como os gângsteres, traficantes ou assassinos em série, até mesmo *eles* desejam ser queridos de alguma forma. Eles podem buscar ser admirados pelo tipo específico de atrocidade impressionante, por terem conseguido escapar da lei por mais tempo que outras pessoas nesse ramo profissional questionável ou pela forma singular e até impressionante como massacraram suas vitimas. Claramente há diversos métodos que podem ser empregados na busca ávida de alguém pelo amor.

Dado esse desejo de popularidade, fazer o papel da "outra", uma destruidora de lares (mesmo que seja um apartamento ou meia-água), não estava na minha lista de objetivos na vida. Não consigo pensar em um só traço de personalidade que me leve a buscar a participação em uma situação sórdida desse tipo.

É difícil imaginar uma infância menos propensa a fazer alguém ser a favor do adultério do que a minha. Quando eu nasci, os meus pais, o cantor bonitão Eddie Fisher e a bela atriz Debbie Reynolds, eram conhecidos como "os namoradinhos da América". O adorável casal com dois bebezinhos lindos (meu irmão Todd nasceu dezesseis meses depois de mim), o Sonho Americano realizado até Eddie abandonar Debbie pela viúva recente e lindíssima atriz Elizabeth Taylor, que, para piorar ainda mais, era amiga da minha mãe desde o início da carreira delas no estúdio Metro Goldwyn Mayer. Para quem for velho demais para lembrar ou jovem demais para se importar, foi um dos maiores frenesis das revistas de fofocas no meio do século, e eu vi tudo bem de perto.

Na tenra idade de 18 meses eu tinha perdido meu pai para uma adúltera. Eu sabia do fundo do coração que a única justificativa que ele poderia ter tido para ir embora era o quanto eu tinha sido uma decepção, e eu não ia fazer aquilo com outra criança. Então, era lógico que se eu pude decepcionar o meu próprio *pai*, se eu não consegui fazê-lo me amar o suficiente para manter o casamento ou, Deus o livre, me visitar mais que um dia por ano, como eu ia conseguir um homem que não *precisasse* me amar como um pai deveria amar a filha me amasse? (Ei, Colega Invejosa do Ensino Médio, está vendo como eu me achava ótima pra caralho?)

Minha primeira grande lição foi a sensação de estar no lado da infidelidade que não sabia de nada. Então, não havia maneira alguma (zero!) de seguir essa tradição maligna de magoar uma moça adorável que não fizesse ideia do que estava acontecendo.

Então, quando eu pensava em ter um caso naquele filme, eu não pretendia incluir homens casados na lista de probabilidades. (Não que eu tenha pensado em *não* incluí-los.) Uma das coisas de que soube quando Harrison e eu nos encontramos era que nada de natureza romântica aconteceria entre nós. Isso nem estava em questão. Há uma série de caras horrorosos por aí que estão solteiros, e eu poderia namorar sem precisar mergulhar na horrenda piscina dos casados. Ele também era velho demais para mim, quase quinze anos a mais! Eu faria vinte anos em alguns meses, e Harrison tinha trinta e poucos. Velho! Já estava bem na idade adulta.

Além disso, ele era um homem e eu era uma menina. Um ser humano do sexo masculino como ele teria que estar com uma mulher. Se Harrison e eu fôssemos ao baile de formatura juntos, ninguém iria acreditar. "O que ele está fazendo com *ela*? O que o capitão do time de futebol e presidente do clube literário bacana está fazendo com a Bonitinha Bochechuda, com a... Com a... coleção de bonecos troll e a obsessão por Cary Grant? Deve ter sido um bug na máquina..."

Além disso, havia algo em Harrison que me intimidava. O rosto dele em repouso parecia mais uma carranca do que qualquer outra expressão. Ficava imediatamente claro que ele não era de agradar ninguém; estava mais para *abalar* as pessoas. Harrison parecia não se importar se você olhava para ele ou não, então você simplesmente o observava não se importar com força. Qualquer pessoa que estivesse com ele era irrelevante, e eu era definitivamente uma pessoa "qualquer."

Quando o vi pela primeira vez, sentado na lanchonete do set, lembro de ter pensado: "Esse cara vai ser um astro." Não só uma celebridade, mas um astro do cinema. Ele parecia um daqueles tipos marcantes, um Astro de Cinema como Humphrey Bogart ou Spencer Tracy. Uma espécie de energia épica pairava ao seu redor como uma multidão invisível.

Quer dizer, suponhamos que você esteja andando sozinho à meia-noite, cuidando da sua vida (da sua própria indústria do entretenimento), e há uma névoa ao seu redor, uma espécie misteriosa de nevoeiro cinematográfico. À medida que você continua andando, descobre que está se movendo cada vez mais lentamente porque mal consegue ver alguns metros à frente. E então, de repente, a fumaça some, o bastante para que você imagine que está começando a perceber lentamente o contorno de um rosto. Não só um rosto. É a face de alguém que os pintores desejariam imortalizar ou para quem os poetas escreveriam odes. Um cantor de baladas irlandês se sentiria impelido a compor uma canção para ser entoada de modo embriagado nos pubs de todo o Reino Unido. Um escultor choraria abertamente enquanto entalhasse a cicatriz do queixo dele.

Era um rosto feito para a eternidade. E vê-lo sentado ali no set de filmagem que o apresentaria ao mundo como Han Solo, o mais famoso de todos os personagens famosos que ele interpretaria... Bom, ele era muita areia para o meu caminhão. Comparada a ele, eu não tinha nem um carrinho de mão. Estávamos destinados a trajetórias diferentes.

Tendo crescido na indústria do entretenimento, eu sabia que havia astros e *astros*. Havia celebridades, apresentadores de programas de entrevistas, porta-vozes de produtos e havia *astros de cinema*, pessoas com agentes, empresários, assessores de imprensa, assistentes e guarda-costas, que recebiam toneladas de cartas de fãs, conseguiam fazer um filme ser financiado e consistentemente estavam nas capas de revistas. Seus rostos sorridentes e familiares encaravam você orgulhosamente, estimulando você a se atualizar sobre sua vida pessoal, projetos e sobre o quanto eles estavam perto de serem os mais pés no chão de todos esses terráqueos famosos.

Harrison era um desses superastros épicos, e eu não era. Estou sendo amarga em relação a isso? Bom... não a ponto de alguém perceber.

Eu estava no último ano da adolescência, estrelando meu primeiro filme e apenas há algumas semanas livre do meu namorado da escola de atuação. Estava extremamente insegura. Sentia que não sabia o que estava fazendo e por um bom motivo. Na maioria dos aspectos, eu não sabia mesmo.

Ah, eu podia ser espirituosa pra caralho, mas não fazia ideia de como deveria aplicar essa engenhosidade, pois eu era engenhosa, não intelectual. Eu tinha pouquíssimo conhecimento aprendido, afinal tinha abandonado o ensino médio para ser corista no espetáculo da Broadway estrelado pela minha mãe e era muito insegura em relação a minha falta de educação formal. Era uma leitora voraz, mas parte do que isso me ensinou era que eu estava longe de ser tão erudita quanto gostaria. Eu era precoce, mas por quantos anos além da adolescência você pode ser chamado assim com sinceridade?

Eu era boa com palavras e tinha a capacidade de analisar pessoas e objetos, mas só o suficiente para um truque de salão. Pelo menos era o que dizia a mim mesma na época. Eu diria que não era tão inteligente como você imaginava, mas obviamente não sem antes estabelecer que você me achava brilhante. Ainda assim, sabendo que eu era insegura, não conseguia me imaginar com alguém que parecesse tão excessivamente confiante. Mas será que Harrison era mesmo *excessivamente* confiante se estava claro que a elevada opinião que ele tinha sobre si mesmo era baseada em uma avaliação perspicaz?

Tudo era confuso, mas uma certeza que eu tinha era a de que Harrison me deixava muito nervosa. Eu não sabia o que dizer ao lado dele e ficava estabanada. Ficava extremamente constrangida e de forma alguma conseguia criar piadas bem elaboradas. Nós nos conhecemos, batemos em um muro e continuamos nele. Não parecia um desafio; parecia algo a evitar sempre que possível. Eu estava com ele quando fazíamos as cenas juntos e tentava evitá-lo fora disso, de modo a não aborrecê-lo e não desperdiçar seu tempo precioso, como me parecia. Era melhor ficar com o elenco e a equipe, que eram mais divertidos e menos imunes aos meus encantos.

Hoje, quando olho para trás com mais atenção, descubro que Harrison estava sondando o set naqueles primeiros dias. Não necessariamente para ter um caso, mas ao mesmo tempo não para *não* ter. Estávamos em uma locação, afinal, e ter um divertimento discreto por fora não era o pior que ele poderia fazer. Era quase esperado. Em uma locação, longe de casa...

Então, enquanto eu avaliava os arredores em busca de minha potencial aventura, Harrison talvez estivesse fazendo o mesmo.

Em uma das primeiras noites de sexta-feira após o início das filmagens, foi organizada uma festa para celebrar o aniversário de 32 anos de George Lucas. Era para ser uma festa surpresa, embora eu tivesse ficado surpresa se ele tivesse sido surpreendido pela comemoração. Mesmo que tivesse, nunca daria para saber quando se tratava de George. Ele realmente não era muito de expressões faciais, sendo bem parecido com Darth Vader, vários e diversos robôs, stormtroopers e ewoks.

George nunca agiu como os outros diretores, o que eu descobriria depois, espantada, no sentido de nos estimular a "simplesmente nos divertirmos". Tantos diretores me estimularam a seguir esse caminho divertido que sempre tive vontade de responder: "É para isso que estou aqui? Para me divertir? Estou aqui pelo salário, para adotar um imprudente sotaque britânico e fazer desconhecidos gostarem de mim." A diversão era para depois e geralmente equivocada, o que me traz de volta à festa surpresa de George.

A reunião aconteceu em uma sala de tamanho médio que ficava ao lado do refeitório nos estúdios Elstree. As paredes tinham um tom de amarelo sujo, embora um convidado míope mais generoso pudesse chamá-las de mostarda. A maior parte da multidão reunida era composta pela equipe: técnicos de montagem, eletricistas (chamados de "sparks" no Reino Unido), motoristas e todos os outros que labutavam diariamente naquele novo e um tanto obscuro filme que estava sendo rodado lá. Se eles conseguirem colocar na tela metade do que George pôs no papel, eu pensava, as pessoas vão assistir. Não importa o que aconteça, vai ser um filmezinho bacana e esquisito. Eu iria vê-lo. Bom, eu vou ter que ver de qualquer jeito, mas eles não precisariam me arrastar.

O refeitório era o tipo de lugar meio sem graça: inescrutável, impassível, sem afeto, feito para você se concentrar melhor no que estava ingerindo, que poderia ser batata frita, molho, cenoura, aipo ou pretzels. E ao lado da mesa, sinalizando esse evento nada excitante, estava o destino de todos, outra mesa com os tesouros mais procurados: o bar.

Como ainda não tinha localizado George, tentei parecer o mais despreocupada e blasé possível enquanto passeava na direção do bar, adicionando um sorriso à mistura para facilitar que as pessoas ali gostassem de mim sem perguntar por que eu, entre todas as outras, tinha sido escalada para o papel da princesa que intimidava.

— Oi! Como vai? — Como era o nome dele *mesmo*? Merda, eu o vejo todo dia.

— Bom te ver. — Ai, não. Como era o nome dele *mesmo*? Como era o nome de *todos* eles, eu me perguntava enquanto andava pela multidão cada vez maior de rostos que via diariamente. Claro, todos sabiam o meu nome porque estava na planilha de filmagens.

— Será que eu poderia tomar uma Coca com gelo, por favor? No maior copo que tiver? Ah, é verdade. Estamos na Inglaterra, não tem gelo. Tudo bem, então Coca quente mesmo.

E lá estava Harrison na porta. Uau, ele parecia realmente *empolgado* por estar ali. Podia acontecer, pensei. Essa podia ser a noite em que ele ia sorrir. Acenei enquanto levava o refrigerante quente aos lábios, esperando que não estivesse *tão* quente assim. Não do tipo alto verão ou banho quente demais. Harrison ergueu a mão em um gesto que pretendia ser uma saudação e começou a abrir caminho pelo grupo reunido, que aumentava a cada minuto, um fungo social alimentado lenta e deliberadamente pelo bar.

— Claro que eu me lembro de você! — garanti enfaticamente para alguém que eu mais uma vez não sabia quem era. — Sim, estou me divertindo à beça. E você?

— Ei, olha quem está aqui — cumprimentei mais um.

— Eu estava perguntando se você viria. Não, estou falando sério, perguntei mesmo! Não, eu já tenho uma bebida. É, dá para enganar que é uma bebida. O álcool não é a única coisa que mata a sede. É o componente de saciedade que me confunde. Diga isso três vezes rápido: saciedade, saciedade, saciedade. Não, sério. Eu não consigo beber. Até tentei, realmente fiz o meu melhor. Especialmente aqui, com toda a tradição de pubs e canções. Eles não têm tantas boas canções sobre drogas, não é? Mas na verdade eu sou alérgica ao álcool. Ele me deixa idiota, enjoada e inconsciente muito rápido, então nunca fiquei realmente bêbada, só desmaiada e inerte. Adoro essa palavra, você não? Inerte.

A fumaça acumulada transformava o ambiente genérico nos fundos de um pub perto da hora de fechar. Só faltava a mesa de sinuca. Após um começo um tanto tímido, todos perceberam que essa não era uma celebração educada para um chefe austero e desconhecido para eles. Esse era o tipo de acidente feliz que acontecia no fim de uma longa semana de filmagens. Talvez já estivéssemos atrasados no cronograma.

Boa parte da equipe se conhecia de outros projetos, e as filmagens, exceto por uma breve viagem à Tunísia, aconteciam em casa. Nada de ser arrancado de suas raízes e se hospedar no mesmo hotel barato, porém confortável e distante. A maioria desses caras voltava para casa no fim do dia/semana/mês de trabalho e se sentava à própria mesa de jantar, cercados pelas famílias amorosas que os apoiavam e brilhavam com a alegria mal disfarçada do cônjuge ou familiar que tinha um interesse dinâmico no seu dia a dia.

Sim, essa questão estava sendo discutida.

— Ninguém acha que isto aqui é exatamente um exemplo de diversão no local de trabalho, certo? — comentou um integrante da equipe. — Todos com quem já trabalhei e tinham um cérebro na maldita cabeça preferiam estar em um lugar de clima agradável, bem distante daqui. Como em alguma região do litoral onde os locais estivessem prontos e dispostos e a cerveja fosse escura e abundante.

— Casa? — disse outro. — Depois de trabalhar o dia inteiro em um set escuro esperando o sinal para poder falar acima de um sussurro, não vejo a hora de chegar a sexta-feira. Me deem uma bela locação distante com uma diária capaz de pagar uma rodada ou duas no bar local, onde não faltam bocetas desconhecidas, porém amigáveis, e nós podemos começar, não é rapazes?

Enquanto isso, dois membros da equipe — os segundos diretores assistentes Terry e Roy — começaram a brincar comigo:

— Olha quem está aqui, rapazes! É a nossa princesinha sem os coques!

Acho que parte da motivação era o fato de eu ser basicamente a única mulher da festa, e seria mais divertido deixar a única mulher da festa completamente bêbada. A ideia fixa deles era me fazer beber algo mais forte, em oposição às bebidas suaves que todos consumiam avidamente. Virou um dos principais objetivos da noite: vamos deixar a Leia trocando as pernas, o que seria a escolha mais imbecil que eu poderia fazer se entrasse no jogo, considerando que a farra sem dúvida incluiria todos no filme, até mesmo meus chefes, os produtores e o próprio aniversariante, o diretor.

Uma espécie de interação vitoriana desbocada que incluía em seu vernáculo palavras que qualquer pessoa que usa o idioma como os britânicos fazem, com coloquialismos como *twat* (gíria um tanto vulgar para o órgão sexual feminino), que rima com *fat* (gordo, em inglês) e *cunt* (gíria ainda mais vulgar para o órgão sexual feminino), que rima com tudo em seu cerne. Como é possível se cansar de ouvir e/ou interagir com uma galera assim?

Bom, talvez você consiga, mas eu não. Eu me apaixonei por Londres enquanto estudava lá, e a paixão nunca diminuiu. Adoro o fato de eles serem tão ligados à própria história, preservando seus edifícios em vez de destruí-los para abrir caminho para outro grande edifício bege com muitas janelas, das quais é possível se jogar gritando. Eu me apaixonei pela Inglaterra, com seus sotaques, taxas de câmbio, comportamento idiossincrático e amigável, seus museus, parques para os quais você precisa de chaves e refrigerantes sem gelo. Se eu consigo perdoar um lugar por não fazer do gelo uma prioridade em seu estilo de vida, isso é amor verdadeiro.

Todos nos reunimos e cantamos uma versão horrenda de *Parabéns a você*, depois da qual Harrison iniciou uma conversa com George. Mais uma vez fui cercada por uma multidão de homens heterossexuais antiquados e suados vestindo jeans e camiseta. Fossem músculos ou gordura o que preenchia suas camisetas sem graça, todos tinham graus variados de atratividade para mim, em parte porque muitos eram *realmente* atraentes e em parte pelo fato de eu ser inegavelmente atraente para eles, com um ano de maioridade. Mas vamos lá, dê algum crédito a si mesma! Eu não era apenas a única opção disponível no cardápio; eu tinha 19 anos e era uma gracinha. Consigo ver isso agora, embora, se você me perguntasse na época, eu fosse dizer que tinha o rosto gordo e o corpo pesado.

Eles continuaram forçando a barra para eu beber, até que a pessoa que gosta de agradar tomou conta e eu concordei em deixar alguém da equipe me arranjar algum drinque. Pedi um Amaretto, a única bebida alcoólica que eu consumia. Tem gosto de xarope para tosse ruim, o que é redundante, mas pelo menos seria um gosto familiar. Eu não estava com tosse nem com a garganta inflamada, racionalizei, mas talvez pudesse prevenir. Um dos técnicos de efeitos especiais gritou quando aceitei a proposta.

— Não sei como alguém consegue beber álcool por causa do gosto. Parece ferrugem. Eu vi pessoas tomando vinho com prazer, e isso me espanta — comentei.

— Eu também, querida — respondeu um dos técnicos. — Estou nessa pelo efeito, só isso. Dane-se o gosto.

— É, mas quando eu era jovem, parecia tão legal ver as pessoas em grupinhos com bebidas na mão e as cabeças jogadas para trás em risos empolgados. Eu não via a hora de isso acontecer comigo. Não via a hora de aprender o segredo do álcool que libera toda a satisfação lá do fundo. Mas era uma mentira, uma terrível mentira, e alguém vai ter que pagar por ela algum dia.

— Olha, minha querida. Ninguém vai precisar pagar por isso. É cortesia de George Lucas — retrucou o colega, que tinha voltado do bar.

Olhei para o copo que ele me deu, mas, em vez de encontrar Amaretto, descobri o que parecia ser vinho. Fiz uma careta.

— Desculpe, querida. Não temos o seu drinque doce e chique — respondeu ele. — Mas isso deve fazer o mesmo efeito que o Amaretto, ou ainda melhor.

Por que eu bebi? Talvez para mostrar a eles que o álcool era uma péssima ideia para mim. Mas independentemente do real motivo, a questão é que eu bebi. Meu rosto se contraiu após o primeiro gole. E outro gole e mais outro depois. Não consegui me concentrar no gosto por muito tempo, porque lá estava eu, rindo como os adultos que via nas festas da minha mãe quando eu era criança.

— Lembra daquela primeira semana, quando nós fizemos o balanço? — perguntei.

— Que balanço, companheira?

— Eu vou falar! Estou tentando falar! Foi quando o Mark e eu nos balançamos em uma corda a partir daquele negócio de plataforma para o outro lado! Você sabe! Você sabe do que eu estou falando!

Eles sabiam. Não que a equipe se importasse com a minha história. Eles só queriam que eu continuasse a beber, e foi o que eu fiz. Eles riam de tudo o que eu dizia e eu gostei daquelas risadas, portanto continuei nesse caminho até ele ficar cada vez mais borrado e não importar mais se era mesmo um caminho ou não. Tudo importava cada vez menos. O que importava era que nós continuávamos rindo e nos divertindo.

Não sei quando fiquei consciente de que alguns membros da equipe estavam organizando uma espécie de sequestro de brincadeira para mim. Não sei, pois se passou muito tempo entre a festa surpresa do George, quarenta anos atrás, e agora.

Era um tipo de plano engraçadinho que envolvia me tirar da festa e me levar para sei lá onde caras da equipe de filmagem levavam jovens atrizes quando desejavam estabelecer que a atriz pertencia a eles e não a qualquer integrante do elenco ou da produção, pelo menos naquele momento. Certamente não era algo sério. O que fazia parecer sério era o tamanho avantajado daqueles homens.

Em algum momento eu percebi que minha cabeça doía. Não exatamente doía, só parecia diferente do usual, o que eu comentei.

— Você precisa pegar um ar — aconselhou alguém.

— Não tem ar aqui? O que eu estou respirando, então? — retruquei.

— Ei — uma voz diferente chamou quando eu estava sendo levada para uma porta disponível por alguns dos eletricistas mais amigáveis. Eles estavam elétricos por mim, não é mesmo? Estávamos prestes a passar pela porta quando ouvi aquela voz de novo. Um sotaque americano, não britânico. Uma voz ianque.

— Aonde vocês vão com ela?

— A lugar nenhum, cara. A moça só precisa pegar um arzinho, mais nada.

— Perdão, mas a moça não parece estar muito ciente do que quer.

Eu sabia quem era. Harrison! Meu colega de cena! O que ele estava dizendo? Eu não sabia o que queria? Isso podia ser verdade, mas desde quando ele tinha virado especialista no que eu queria ou não?

— Oi, Harrison! — eu o cumprimentei enquanto ele se dirigia ao meu grupo. — Onde você esteve?

Eu não fazia ideia do que aqueles britânicos rudes iriam fazer comigo. Quero acreditar que não seria nada demais, mas eles iriam fazer muito barulho enquanto não fizessem nada. E Harrison estava subitamente fazendo um belo trabalho ao me salvar do que eu só podia imaginar (Mas por que se importar com isso?) A equipe empurrou, Harrison recuou, eu tentei manter o foco.

Mas havia um elemento de perigo ali. Não com "P" maiúsculo, mas a palavra de qualquer forma se aplica, devido ao clima um tanto violento que parecia governar o dia, aquele grupo ou o mundo. O que começou como uma espécie de cabo de guerra de mentirinha virou uma batalha mais sincera pela — qual a palavra? — virgindade? Não! Virtude! De uma mulher. Um cabo de guerra envolvendo minha virtude encharcada de vinho estava em curso e não parecia claro como se desenrolaria. Mas eu estava vagamente interessada, isso é fato.

Quando consegui recuperar o que restava da minha mente sobre quem estava envolvido no cabo de guerra, gradualmente percebi quem eu desejava que vencesse: meu colega de cena, o contrabandista, o que tinha a cicatriz no queixo, o diálogo na cabeça e a arma na cintura. Não agora, só quando estava no personagem, mas mesmo assim... Eu sentia que a arma estava subentendida e a equipe também, porque, depois de uma briga doida que deixou Harrison mancando, o Sr. Ford jogou minha virtude e eu no banco de trás do carro dele e ordenou ao motorista:

— Vai! VAI!

E nós fomos, seguidos a pé pelo mais breve, porém mais ousado dos tempos, pelos melhores homens da equipe de filmagem.

No meio do caminho de Londres para Elstree, ouvi uma buzina. Quer dizer, acabei percebendo que o ruído persistente era isso. Empurrei o ombro de Harrison.

— O que é isso? Alguém está buzinando? — perguntei, em pânico.

— Merda — resmungou Harrison, esforçando-se para olhar pela janela traseira do carro, sobre minha cabeça. — São o Mark e o Peter.

— Ah, meu Deus. — Comecei a me sentar, mas ele me parou com as mãos e a voz.

— Ajeite o cabelo.

Meu cabelo, meu cabelo, meu cabelo. Era sempre o meu cabelo nesse filme, fosse na tela ou fora dela. Fiquei encolhida enquanto fazia o melhor para arrumar o cabelo e depois subi lentamente, com medo de quem eu encontraria na janela. E se eles estivessem armados? Armados com uma câmera e uma expressão chocada? Ou...?

— Aja naturalmente — sugeriu Harrison. Percebendo que agir naturalmente iria levar *horas* e demandar uma equipe de cavalos, eu sorri e acenei para os dois pela janela. Foi o mais perto que consegui chegar do *naturalmente* sem ajuda, estímulo adicional e um chapéu.

— Eles estavam meio que atrás de nós, então não devem ter visto nada.

Enquanto eu observava, um carro azul nos alcançou pelo lado direito. Um dos integrantes da equipe, Peter Kohn, estava dirigindo, com uma linda garota no banco do carona, Koo Stark. Mark estava no banco de trás, inclinando-se para os bancos da frente, entre Peter e a garota. Ele acenou alegremente e sorriu. Acenei de volta e mostrei a eles os meus dentes de cima.

Observei Harrison abaixar o vidro da janela dele. Essa era a Inglaterra pré-histórica, onde os vidros eram abaixados manualmente, os telefones precisavam ser discados e tudo fechava às 23h de domingo. Quando digo tudo, é tudo *mesmo*. Isso me impressionava.

Além do mais, eles não vendiam pão de milho, a maior parte dos cereais de café da manhã, massa para panqueca, feijão-carioca e bacon! Essa era a minha dieta básica! Como as pessoas *sobreviviam*? Havia toneladas de produtos norte-americanos comuns que não podiam ser adquiridos no Reino Unido. Era possível encontrar alguns na Fortnum & Mason na Oxford Street. Eu sabia tudo isso porque já morava em Londres havia alguns anos. Os norte-americanos que faziam parte do elenco (Mark e Harrison) e da equipe (George e Gary e outros) de *Star Wars* estavam acabando de descobrir esses fatos.

Um desses norte-americanos era o já mencionado Peter Kohn, que geralmente usava um chapéu de lã com suéter comprido azul-escuro ou marrom. Exatamente quais serviços ele fornecia a *Star Wars* eu não tinha certeza. Não parecia estar lá do jeito oficial de praxe, não que eu realmente soubesse qual era o jeito oficial de praxe, mas aqui estávamos Peter, Koo Stark, o astro e a estrela do filme, todos a caminho do mesmo restaurante.

O fato de Harrison e eu termos dado uns amassos no banco de trás durante a volta a Londres não necessariamente significou o prólogo para um evento mais elaborado. Um sinal do que estava por vir, talvez. Claro que houve uns beijos exploratórios inesperados: ler o rosto de outra pessoa com avidez dedicada usando a boca, nadando com seus lábios entre o nariz e a curva do queixo de uma pessoa específica, calmamente procurando tesouros usando a língua como uma pá e enterrando as joias na boca do ser amado. Espere! Acho que senti uma safira aqui perto do molar esquerdo. Pescar cara a cara, como se faz com as garoupas, mas sem a água, as escamas e o cheiro horroroso de peixe. Mas o contrário...

Beijar assim não necessariamente parecia algo que me deixaria ansiosa para fazer regularmente. Uma vez por mês, talvez, nas circunstâncias certas, que poderiam incluir a viagem de carro do estúdio para a cidade. Deve ter sido o ronronar do motor que nos levou a isso.

Mas chegamos a esse ponto de alguma forma, jantando com Mark, Peter e Koo Stark, cujo trabalho em *Star Wars* tragicamente acabou no chão da sala de montagem e que deveria evitar esquecer objetos (isto é, bolsas) na casa dos outros para que não fosse preciso erguer o objeto e dizer em voz alta: "Alguém sabe de quem é isso?" e gerar um coro de resposta: "Acho que é da Koo." Não importa o quanto ela fosse linda (e sem dúvida continua sendo), ninguém escapa do ridículo quando se tem esse nome, gerando o cacófato "da Koo".

Então eu estou em um restaurante de Londres com a maioria dos meus pensamentos centrados no quanto Koo é muito mais bonita do que eu e parece confiante, obviamente em parte devido a sua beleza. Eu me pergunto se ela está tendo um caso com Peter e suponho que provavelmente sim, porque Peter também é atraente. Não tão atraente quanto Koo, mas ele não precisa ser, pois, como você certamente sabe, se o sujeito tem um pênis e um emprego, ser bonito é um bônus fantástico, mas está longe de ser necessário.

Então Koo muito provavelmente estava com Peter, Mark estava sozinho e Harrison estava... caminhando a passos largos para ser basicamente tudo para mim. Ele em breve seria o centro do meu mundo confuso e desordenado. Algo que, concordo plenamente, é bastante patético. Mas tenha em mente que tudo isso *não* foi minha ideia inexperiente, por incrível que pareça. Foi do Harrison. Eu era apenas uma espectadora inocente fazendo não exatamente a melhor e mais criteriosa tentativa de queimar o álcool que tinha ingerido naquela noite. Sendo assim, talvez eu pudesse ter *alguma* ideia do que tinha acontecido no carro com Harrison, não para questionar o que aconteceu e sim se aconteceria de novo. Se acontecesse, seria em breve? Agora que a oferta estava na mesa, será que *continuaria* na mesa ou passaria para a cama?

Não me lembro de muita coisa daquele jantar, exceto que eu estava incrivelmente constrangida, além de me sentir esquisita e confusa depois de ter consumido dois copos e meio de bebida alcoólica. E nem era *forte*, do tipo tão denso e impenetrável quanto cimento. Era o tipo suave de álcool, flutuante, risonho e vago. Tentei cortar esses efeitos inconvenientes que estimulavam minha visão turva com grandes quantidades do meu elixir de cura gasoso, açucarado e cheio de cafeína: Coca-Cola. Eu esperava sentir os efeitos dela *muito* em breve.

Bebi algumas rodadas restauradoras de Coca e tentei muito não olhar para Harrison. Como poderia? O que ele pensaria se me flagrasse olhando para ele? Que eu tinha gostado? Argh, daquele jeito embaraçoso que é impossível esconder? Merda, isso era totalmente culpa dele. Foi ele quem começou os amassos no banco de trás do carro. Eu jamais teria pensado em gostar dele por conta própria. Que conta própria? Será que eu ainda tinha uma conta própria? Por quanto tempo? E se o que eu imaginava ser uma conta na verdade fossem ilusões? Então, o mais preciso seria perguntar: "Se eu fosse deixada com minhas ilusões, teria sido capaz de me convencer de que não estava subitamente apaixonada por Harrison?"

Apesar da Coca nas mãos, eu ainda estava meio bêbada, estado alterado ao qual eu definitivamente não estava acostumada. Chapada eu conhecia. Ficar alegremente de olhos turvos graças aos efeitos da maconha, sim, pois eu não só consumia como estava cada vez mais acostumada à medida que o tempo passava. Acostumada de um jeito ótimo. Sob as nuances dos efeitos da maconha, assuntos que eu mal considerava dignos de nota poderiam chamar e prender minha atenção.

Já o álcool era outra história. Uma experiência sombria e lamentável que sempre prometi a mim mesma e/ou a quem estivesse ouvindo que jamais voltaria a passar perto de novo, se alguém que tivesse mais influência na área de intoxicação me deixasse escapar com facilidade. Mas ali estava eu de novo.

Sentada à mesa, descobri que não teria problema olhar para Harrison quando e se ele dissesse algo, mas meu cabelo poderia crescer enquanto eu esperasse por esse evento improvável, certo?

Errado. Ele falava naquela noite mais do que eu já o vira fazer. Houve histórias sobre o dia em que fomos chamados para gravar bem cedo, o que não era exatamente incomum, e no início da tarde ainda não tínhamos sido convocados ao set para filmar cena alguma.

— Não me importa tanto ficar esperando — falou Mark enquanto salpicava queijo ralado em sua massa. — Obviamente eu não gosto, mas existem maneiras de se manter entretido.

— Ah, sim — respondeu lentamente o Sr. Ford. — Que maneiras são essas? Colocar a correspondência em dia, tocar cítara?

Eu ouvia atentamente. Tudo dependia de conseguir entrar nessa conversa e ao mesmo tempo deixar claro que ela não me importava de forma alguma.

— Eu pagaria muitos dólares suados para ver você tocar cítara — falei, de um jeito tímido, extremamente preocupada em causar uma boa impressão.

Harrison me estudou brevemente a partir de sua propriedade de luxo do outro lado da mesa. Esfregou o queixo devagar com a mão esquerda enquanto pensava em minha oferta. Depois fez um bico e começou a bater nos lábios bem de leve. Estreitando os olhos castanho-claros, perguntou:

— Quanto?

E esperou a minha resposta de modo calmo e consciente. Ele não estava sorrindo, mas também não estava sério. Embaixo da mesa, peguei a pele do meu polegar e arranquei um pedaço, subitamente perdido. Do que estávamos falando? Por que ele me olhava daquele jeito? Eu estava com comida no rosto? Olhei para as outras pessoas da mesa e, coincidentemente, *todas* me olhavam também! Por que estavam todos me encarando? *Só posso* estar com comida no rosto. Limpei os cantos da boca com a mão, que agora sangrava levemente.

— Quanto pelo quê? — perguntei, tristemente. — Estou meio perdida. Que cena foi essa? — Agora eu parecia implorar. Não necessariamente pela minha vida, mas por uma forma nobre de vivê-la, como um poeta em uma varanda.

Eles riram quando perguntei que cena tinha sido. Harrison não riu, mas deu a entender que talvez risse se fosse de outro jeito. Então eu lembrei pelo menos de uma parte da história.

— Tocar cítara! Vou pagar você para tocar cítara!

— Agora? — perguntou Harrison.

— Sim!

Foi a primeira vez que eu ri. Todos nós rimos. Talvez tudo ficasse bem agora. Claro! Era isso! Era um sinal! Tudo começava e terminava com a cítara. E algo mais também. Eu iria para casa com Harrison. Não estava certa até aquele momento e não estava certa do que aconteceria depois que fosse para casa com ele. Eu sabia que não era uma boa ideia. Nunca seria uma boa ideia, mas não seria necessariamente má ideia. Quer dizer, por mais estranho e ranzinza que fosse, Harrison não era um ser humano ruim. Ele estava muito mais do lado bom do gráfico bom/mau dos humanos. Ele era mau e bom, como a maioria das pessoas. Uma boa pessoa que faz algo ruim ou uma má pessoa que faz algo bom. Desde que pessoas estejam envolvidas, todos faremos algo bom ou ruim para os outros. Especialmente quando houver dinheiro (e cachorrinhos) envolvidos.

Todos nós lutamos pela conta como bons soldados disponíveis, entendendo em algum nível obscuro e sorridente que os abençoados com uma dádiva de sêmen armazenado pagariam efetivamente por ela. Koo e eu interpretamos estar semidocemente gratas pelo valente sacrifício do dinheiro arduamente ganho por eles e nos levantamos de nosso cocho de quatro lugares, facilitando a saída do restaurante rumo aos eventos mais chiques que sem dúvida nos esperavam.

Eu não estava em condições de fazer nada além de seguir as pistas, quando e se elas fossem distribuídas com vontade. Mas talvez eu tenha entendido errado a situação. Será que estava seguindo um caminho que só existia na minha mente desacostumada ao álcool, portanto alterada? Mas eu estava ficando sóbria aos poucos, e a probabilidade de entender errado diminuía a cada minuto enquanto estávamos na calçada em frente ao pequeno restaurante italiano ao qual eu tinha conseguido sobreviver. O ar frio era bem-vindo. Quem diria que havia tanto ar lá fora! Especialmente se comparado à quantidade geral de ar reservada para os restaurantes.

Ficamos embaixo da tímida luz do poste ali perto, jogando o peso de um pé para o outro, verificando relógios, acendendo cigarros ou apertando os olhos na noite para garantir se havia ou não algum táxi chegando.

— Estou em Chelsea — contou Mark.

— Então você decidiu ficar com o lugar, afinal? — observou Peter, aquiescendo sabiamente.

Mark deu de ombros.

— No fim, eu pensei: por que não? Tem uma ótima vista, a cozinha é incrível... Quer dizer, claro que existem bairros melhores, mas... — Ele fez uma pausa e deu de ombros novamente. — Mas não com um segundo quarto.

Harrison deu um peteleco no Camel que tinha acabado de começar a fumar e tossiu.

— Muito bem! — disse ele a todos e depois olhou para mim. — Posso deixar você em casa. É o meu caminho.

Ele me pegou pelo braço e me levou na direção de Piccadilly Circus.

— Boa noite! — consegui dizer enquanto Harrison me conduziu pela rua e para longe deles. O fato de eu não ter tropeçado foi um milagre. Nada como a concepção imaculada ou algo do tipo, mas quase isso. Andamos em silêncio por vários minutos, nos quais repassei mentalmente uma série de comentários que poderia fazer, permitindo que eu parecesse alguém... uma mulher, até, que soubesse (ou não se importasse com) o que estava fazendo, pois era seguida apenas pelos melhores aonde quer que fosse. E eles seguiam cada palavra como perseguidores bem-vindos. Então, por que Harrison não queria estar onde ela estava? Ah, se ela se sentisse assim em relação a si mesma, se conseguisse pensar no que dizer, além de perguntar que porra era aquela que eles estavam fazendo. Para onde eles estavam indo e por quê? Ele a convidaria para ir ao baile de formatura e iria enchê-la de chupões?

Agora, é claro que ela o amava, não é mesmo? Ela não teria ousado antes daquele negócio no banco de trás, mas agora...

— Qual o seu endereço? — ele perguntou, o que me surpreendeu ali ao lado daquele rei Han Solo e de todos os personagens que acabaria interpretando, cujas sementes estavam nele agora. E lá estava eu, grávida dos indivíduos que interpretaria: uma cabeleireira vingativa, uma sogra hostil, uma adúltera que toca flauta, uma psicóloga, uma escritora viciada em drogas, uma atriz que caça namorados, uma diretora de elenco faminta por garotos, eu mesma, uma esposa infiel, uma chefe furiosa, eu mesma, eu mesma, eu mesma, eu mesma e algumas freiras. Ele me pegou pelo cotovelo e nos colocou no banco de trás de um táxi.

— Qual o seu endereço?

Olhei para ele, piscando:

— Meu endereço?

— Para onde vamos, senhoras e senhores? — O motorista andou com o táxi, que rosnou de volta à vida. — Ou eu posso dirigir com vocês, garotos, a noite inteira. O dinheiro é de vocês.

Harrison aquiesceu e girou o indicador rapidamente, fazendo o sinal internacional de se apressar.

— Tudo bem. É na Kensington High Street com a Esmond Court.

— Muito bem, senhorita. Vou levar vocês lá rapidinho — ele disse, animado com seu sotaque *cockney* de Dick Van

Dyke do norte de Londres que eu gostaria de ter. — Isso é atrás da Barkers, não é?

Eu estava prestes a confirmar quando Harrison me puxou para o banco de trás e nos aproximou cada vez mais, ficando cara a cara, até sermos dois rostos, quatro olhos e um beijo, chegando ao ponto no qual poderíamos ensaiar o beijo que daríamos um ano e meio depois em *O Império contra-ataca*. Tudo indicava que nós queríamos nos adiantar, obviamente. As pessoas pensam que você só beija em uma cena de amor e não percebem os anos que alguns atores colocam nessas cenas. Atores de verdade. Toda a prática realmente aparece na tela, mas você não precisa acreditar em mim. Basta conferir os beijos em *Império*. Viu? Foram anos de preparação, e juro que não precisaram usar efeitos especiais ali. Aqueles foram os primeiros dias e noites da Força.

— Aqui estamos, pessoal! Esmond Court! — Isso foi pontuado pelo som agudo do freio de mão sendo puxado. — São £ 5,10, por favor.

Harrison estendeu a mão para tirar a carteira marrom e gasta do bolso de trás da calça. Peguei minha bolsa no chão do carro e a coloquei no colo, dizendo:

— Eu posso...

Ele me encarou, indicando que o final da minha frase definitivamente não seria bem-vindo. Devo ter virado uma fábrica de blush, enviando sangue do sul para visitar o norte do meu rosto. Agora me ocorreu — muito tardiamente, admito — que Harrison não estava apenas me deixando em casa, mas que provavelmente iríamos ter o que minhas amigas e eu chamávamos de pernoite. E se ele... E se nós... E depois... Ah, Deus, depois ele poderia me deixar com minha nova imagem de vadia estabelecida em uma tacada só: uma mulher caída de cara no chão, com tudo... Leia jamais entraria numa situação dessas.

Na verdade, ela provavelmente entraria, mas não até a continuação. Isso era comportamento de continuação. Ah, mas e se ela entrasse no banco de trás de um táxi com um ator casado contrabandista? Se por acaso Leia fizesse isso, ela não deixaria simplesmente rolar como uma folha na correnteza. Qual é! Ela seria capaz de criar alguma coisa mais incomum... Talvez não poético, mas... Por que eu era tão obediente? O que Leia faria?

Obviamente, seria algo diferente de seguir o exemplo de Jesus. Jesus dificilmente... Bem, não adianta seguir os passos de Jesus quando se trata de namoro. E será que era isso mesmo? Namoro? Ah, Leia, onde está você quando eu preciso? Ah, Jesus, se você estiver vendo, por favor não deixe minha barriga ficar diferente de sequinha se por acaso chegarmos a esse ponto.

— Valeu, amigo — agradeceu o taxista quando Harrison pagou a corrida. Então ele foi embora, nos deixando sozinhos.

— Quer entrar? — perguntei, absurdamente.

Ele quase riu:

— Claro!

Procurei as chaves na bolsa. Leia as encontrou e o levou para dentro do prédio, depois para o apartamento, e Carrie passou o resto da noite fazendo continuações com o futuro marido na tela. Como isso tudo acabaria? Será que acabaria? E como eu ficaria quando terminasse?

É difícil lembrar com clareza os detalhes daquele fim de semana. Mesmo se eu conseguisse, do que estamos falando aqui? Pornô light para fãs dedicados de ficção científica? Não consigo me lembrar do que aconteceu ontem ou hoje cedo, quando guardei meus cartões de crédito em lugar seguro. Agora eu nem consigo saber exatamente o que seria um lugar seguro!

O que eu sei sobre aquele fim de semana tem mais a ver com o que não aconteceu. Eu sei que não tivemos conversas profundas. Se nós não passamos um tempão conversando ou jogando Banco Imobiliário, então devemos ter feito algo mais físico. Longas caminhadas, afogamentos simulados, algo assim.

Ah, mas por que ser modesta ou discreta? Tivemos um pernoite, sabe? Fizemos um forte com travesseiros, depois uma imensa guerra de travesseiros, aí ligamos para a mãe dele e recebemos permissão para que ele dormisse na minha casa, mas não podíamos ficar até tarde porque tínhamos aula na segunda-feira, e, além disso, estávamos na peça da escola. Tudo o que me lembro após ele ter me seguido até o meu prédio e ligado a luz do corredor era que eu queria mostrar o meu apartamentinho, mas agora o nosso amasso não estava em um veículo em movimento dirigido por um espectador ciente. Estávamos novamente ensaiando para o nosso beijo cinematográfico.

O quarto não poderia ser mais escuro. Mesmo com as luzes apagadas eu ainda tinha vontade de desligar tudo, pois não queria que ele me reconhecesse dos filmes. "Ei, você não estava... Naquela cena que fizemos hoje? Eu não conheço você da... Cidade das nuvens?"

Então, agora que falamos com nossas palavras e nos provocamos usando as palavras de George, estávamos explorando as regiões mais distantes do silêncio e memorizando a parte inferior do rosto um do outro com a boca. Se você tivesse me falado naquela manhã que minha cama seria usada para outros propósitos... Bom, se eu não sabia que *Star Wars* iria fazer um sucesso tão grande, como eu poderia ter previsto que o astro e a estrela de *Star Wars* acabariam na cama juntos?

Não acredito que as pessoas sejam uniformemente confiantes. Se for o caso, então elas julgam mal a situação e acabam sendo arrogantes. Em sua maioria as pessoas valorizam o fato de que fazem algo bem e esperam que isso compense as merdas que aprontam.

Por que estou contando isso para você? De certa forma porque, devido à mistura de insegurança e inexperiência, eu estava paralisada. Com medo de dizer algo que poderia fazer Harrison me deixar na mão naquele que até bem pouco tempo era o apartamento de Riggs. Uma pequena parte de mim sentia que tinha ganhado na loteria dos homens e estava ao mesmo tempo contando e gastando o dinheiro do prêmio. Nossa pele concordava. Nós arriscamos a sorte: primeiro a dele, depois a minha e então a nossa até termos passado pelo pior da situação e nada mais fosse possível, exceto chegar ao fim um do outro, por dentro e através um do outro, até alcançar facilmente o outro lado.

Eu olhei para Harrison. Ele era... Meu Deus, ele era tão bonito. Não. Ele era mais do que isso. Ele parecia poder liderar uma batalha, tomar o monte, vencer o duelo, ser o comandante do mundo sem glúten, tudo isso sem verter uma gota de suor. Um rosto de herói — alguns fios de cabelo sobre sua nobre e ligeiramente franzida testa — olhando o horizonte em busca do perigo sob a forma de incomuns tropas extraterrestres, reflexivo, olhos interessados em pensamentos tão profundos que seria possível perder-se neles e levar dias lutando até encontrar a saída. Mas por que fugir? Não poderia ser realmente uma dificuldade estar preso em um lugar com toda aquela inteligência e pensamentos armazenados em segurança. Ei, cara! Espere um pouco! Compartilhe a riqueza! Se a beleza ficasse para um homem e a mente para outro ambos já teriam o suficiente. Mas não! Esse era o último exemplar vivo do exagero. Alguém poderia se perguntar como aquele exemplar brilhante de um homem estaria satisfeito com uma pessoa como eu? Não! Não diga isso! O fato é que ele estava. Mesmo que por um curto período de tempo. Foi mais do que o suficiente. Com o tempo ficaria muito cansativo tentar me manter à altura ou acompanhar o ritmo dele, de qualquer forma. Eu era uma garota de sorte — sem autoestima para sentir isso, ou para aproveitar o que havia para aproveitar e depois deixá-lo ir embora. Apenas para relembrar tudo após quarenta anos, com um olhar divertido, grato e inchado.

Basta dizer que sobrevivemos muito bem. Àquela distância é difícil saber o quanto estávamos realmente próximos e se aquele tipo de proximidade tinha a ver com alguém que parecia muito o meu namorado espacial, que me lançava um sorrisinho quando entrava na velocidade da luz. (Enquanto eu não precisava de assistência alguma.)

Depois da nossa afável provação, Harrison dormiu e eu fingi fazer o mesmo. Deus, ele era lindo. Eu o perdoei por não me amar da forma que geralmente se espera e quase me perdoei por não esperar que ele o fizesse. Tentei acompanhá-lo na terra dos sonhos, e, ao ver que não conseguia, respirei com ele ali no escuro, imaginando o que Harrison estaria sonhando e esperando que, se conseguisse dormir, eu acordasse antes dele. Talvez nesse momento fosse mais fácil falar com ele, pois eu estaria menos assustada, tanto na personagem quanto fora dela.

Há algumas partes da história que eu ainda considero íntimas. Incrível, não é? Você pensaria, sem muito esforço, que eu considerava tudo o que dissesse e fizesse como disponível para quem quisesse pegar. E pegar com vontade. Mas sexo é uma coisa íntima. Essa pode ser uma das razões pelas quais nós transamos, quase sempre, nus. As roupas caindo indicam uma situação que provavelmente eu vou evitar colocar em palavras. Se nossas fantasias não resistiram à situação, não espere que as palavras resistam.

Então, é com reserva e escrúpulos atípicos que vou suprimir todos os detalhes. Não sou tola a ponto de contar qualquer detalhe além das informações e descrições mais genéricas a respeito do que aconteceu entre o Sr. Ford e eu naquela fatídica noite de sexta-feira em maio de 1976. Isso se aplica também a tudo o que ocorreu entre mim e Harrison nas sextas-feiras subsequentes em horários profanos, pois era assim que passávamos nosso tempo juntos, quando dormíamos agarradinhos, como os bons jovens fazem. Ah, passávamos tempo próximos durante o dia após o nosso tempo juntos à noite, como deveria ser. Acho que me lembro dele lendo o jornal enquanto eu... fingia fazer outra coisa.

Questões de privacidade à parte, eu mal consigo me lembrar do nosso primeiro fim de semana. Não sabia como iria sobreviver aos cinco dias inteiros de filmagens depois daquela experiência. Aqueles cinco dias no set passaram de modo insuportavelmente lento, pois tínhamos que nos comportar como se o fim de semana anterior não tivesse acontecido. Os dias úteis estavam proibidos em termos de intimidade. Não que isso tenha sido explicitamente definido por qualquer um de nós. Simplesmente intuímos que passaríamos a semana tratando um ao outro como se não só aquele fim de semana não tivesse acontecido como se todos os seguintes também não.

Apesar de um dos usos mais comuns da frase "saindo com" descrever duas pessoas passando tempo juntas, Harrison e eu não saíamos muito.

Preferíamos frequentar o apartamento um do outro. Eu me lembro de passar boa parte do fim de semana com ele no meu domínio alugado em Esmond Court, mas pode ser que minha memória simplesmente vá para lá quando eu a direciono para os anos 1970. Sei que queria passar nosso tempo lá e não no apartamento dele.

Eu preferia que Harrison ficasse em meu apartamento, pois, como era emprestado de um amigo, era melhor que o dele. Desculpe, mas era mesmo. Todos nós recebemos o piso da categoria no primeiro filme, que era cerca de quinhentas libras por semana. Por mais que eu venha de uma família rica (embora essa riqueza tenha se reduzido recentemente) e pudesse ter bancado o aluguel de acomodações melhores se não tivesse conseguido o apartamento de Riggs, Harrison tinha esposa e dois filhos em casa e, para sustentá-los, morava na acomodação mais modesta que o estúdio pôde fornecer. Então, quando se tratava de escolher onde iríamos dormir, a escolha ficava rapidamente bem óbvia.

Uma vez, em uma dessas raras ocasiões em que pernoitamos no apartamento de Harrison, Mark e seu amigo ubíquo Peter apareceram de surpresa. Eram onze da manhã, e pode ter parecido estranho o fato de eu estar lá. Claramente eu não tinha aparecido apenas para um café da manhã tardio, visto que não havia ovos ou pãezinhos no local e também não parecíamos estar ensaiando o texto. Depois de deixar Mark entrar, Harrison voltou à mesa onde estávamos, se sentou na direção oposta a mim, pegou minha mão e declarou, solenemente:

— Estamos noivos.

Isso era se esconder a céu aberto: brincar com a sugestão de que houvesse algo acontecendo ali significava que não poderia ser verdade. Uma técnica que eu uso até hoje.

Mas eu também sei que não era exatamente clara em relação ao relacionamento que queria ter com Harrison. Meu charme encantava a todos, exceto a ele. Isso foi algo que registrei nos diários que escrevi durante as filmagens do primeiro *Star Wars*, o *Episódio IV*. Os diários que encontrei recentemente enquanto reformara meu quarto em casa. Ao mexer nas várias caixas armazenadas romanticamente embaixo do piso, encontrei três cadernos que preenchi durante aquele momento épico e imediatamente esqueci que tinha escrito. Ou que eles me fizeram de alguma forma sã. Quando li os diários fiquei impressionada com o quão extraordinários eles eram. Foi quando eu considerei publicá-los pela primeira vez. (Eu ainda posso. O que você acha?)

Escrevi os diários por dois motivos. Primeiro porque sempre escrevi, desde os 12 anos de idade. Isso parecia me acalmar: tirar da cabeça algo que poderia ser caótico e o colocar no papel, onde poderia me fazer menos mal. Algo na linha do ditado: "Melhor para fora do que para dentro", embora essa frase se refira a vomitar. Talvez seja mais algo como: "Melhor ter a casa vazia do que um inquilino infeliz." Não que escrever nos cadernos conseguisse realmente esvaziar minha mente, embora alguns possam argumentar o contrário, mas sou grata por ter aliviado o transbordamento.

O segundo motivo pelo qual eu os escrevi era que não podia conversar com Harrison basicamente sobre assunto algum, mas especialmente sobre a entidade "nós", não que houvesse algo assim. Não só eu não conseguia falar com Harrison como, considerando que meus fins de semana com ele eram um segredo, aquilo se tornou algo que era melhor deixar no ar e discutir com a caneta nas mãos e o caderno à minha frente. Eu sentia que não podia confiar em outra pessoa para dizer o que estava acontecendo com Harrison, porque ele era casado. E não era comigo.

Então, poderia ser constrangedor se eu contasse a alguém sobre nós, porque essa pessoa poderia contar a outra pessoa, que poderia dizer a mais alguém até acabar parando nos ouvidos da esposa de Harrison, que não reagiria de modo positivo. E ninguém queria isso. Não que Harrison e eu tenhamos discutido que não queríamos isso. Estava subentendido.

Talvez seja uma compreensão geral a que se chega, seja verbalmente ou de outra forma, quando você está tendo um caso com alguém que é incompreensivelmente casado, a menos que o casado em questão diga que a esposa não o entende e é por isso que ele quer deixá-la para ficar com você. Ou, nesse caso, comigo. Contudo, ninguém estava se declarando incompreendido e não havia divórcio algum em vista. Então era isso.

Eu sei apenas sobre os entendimentos que você tem com homens casados de livros e filmes. Nunca tinha vivido um romance com um homem casado; eu era assim. Mal tive entendimentos com homens solteiros, e nunca mais fiquei com alguém casado desde então. Como devo ter mencionado, tive apenas um relacionamento de qualquer tipo com um ser humano antes de estar com Harrison.

Mas Harrison não sabia isso logo de cara. Ele só sabia... basicamente nada antes do nosso fim de semana inicial de romance secreto e paixão inesquecível. Quer dizer, estou relatando fatos genéricos que são escritos em formulários. Nome completo, nome dos pais, irmãos, amigos. Escolas em que estudou, além de histórias contadas com a intenção de me deixar bem. Histórias divertidas! Como eu era divertida! Como eu era tranquila e irresistível!

O que eu não sabia era que Harrison estava ouvindo o que eu dizia. Especificamente sobre homens. Ouvia tudo o que confirmava que eu era uma garota disponível e experiente! Ele estava colhendo todos esses botões de rosa a fim de chegar à conclusão que desejava. Ou a que ele acabaria chegando de qualquer modo. A conclusão de que não haveria problema em me levar para casa com ele. E foi isso.

Ao longo da semana de trabalho em *Star Wars*, esperei em vão por alguma indicação de que: a) Tínhamos ficado juntos (ou de que eu tinha imaginado o evento todo); e/ou b) Se realmente *tinha* acontecido, será que aconteceria de novo de alguma forma, caminhando para outro fim de semana inexprimível até finalmente chegarmos ao casamento (após um período de tempo discreto ter se passado desde o eventual e descomplicado divórcio)? Tenho certeza que em nossas listas de prioridades durante as filmagens eu devo ter ficado no máximo em décimo quinto lugar na agenda dele, enquanto Harrison era o meu Número Um. E foi assim que passei do primeiro fim de semana ao segundo. Teríamos outro fim de semana monossilábico ou eu passaria o próximo sábado e domingo virtualmente sozinha, perguntando o que tinha feito para já tê-lo afastado? Como eu poderia ter feito isso quando tínhamos sido tão próximos? Próximos o bastante para acender uma obsessão quase total em mim.

Porém, passamos um segundo fim de semana juntos, sim. Mais uma vez ficamos em nosso apartamentinho. Nós nos encontramos no pub North Star, em St. John's Wood, entre Elstree e o centro de Londres.

Tenho certeza de que escolhi o lugar porque era o pub que eu frequentava quando estava na escola de atuação, meses antes. Já se tinha passado muitos meses desde quando deixei a escola para estrelar uma fantasia espacial chamada *Star Wars*. Isso parecia ter acontecido décadas antes daquela noite no North Star, porque basicamente tudo na minha vida tinha mudado. Eu não era mais uma estudante de arte dramática interpretando Shakespeare e Ibsen com um namorado também estudante; agora era uma atriz de verdade, com um emprego em um filme que se passava em uma galáxia muito, muito distante. Uma fantasia espacial. Perfeito. E agora eu estava tendo um caso com um colega de cena. Um caso que eu fingia querer sem entender o que aquilo significava. Lá estava em um pub londrino, bebendo com ele após um dia de filmagem.

Acredito que já tenha mencionado o fato de Harrison não ser do tipo falante. Sabendo disso, quando nos sentamos no bar, inadvertidamente prendi a respiração por um bom tempo enquanto me preocupava com o que ia dizer e não dizer naquela noite. Eu sabia que não diria muitas palavras encantadoras. Eu seria calma, sucinta, faria perguntas bem pensadas e depois ouviria atentamente as respostas dele. Se eu fosse capaz de agir como acabei de descrever, isso o faria mudar qualquer imagem negativa que tivesse formado, obviamente de modo prematuro, a meu respeito.

Ele se perguntaria onde eu estivera a vida dele inteira e depois lembraria com uma sensação irônica e perplexa que eu ainda não era nascida em boa parte da sua vida. O importante era que pelo menos ele tinha me conhecido agora. Harrison me lembraria de compensar esse tempo perdido pelo resto da nossa vida em comum. Por ora, contudo, não precisaríamos compensar nada, pois mal tínhamos acumulado uma boa quantidade de tempo juntos.

Na verdade, o que aconteceu foi que Harrison e eu começamos a beber e em algum ponto logo no começo eu falei:

— Quer ver a imitação que eu faço de você?

Harrison não andava: ele desfilava de modo arrogante, lembrando um pouco John Wayne em câmera lenta. Ele levava essa atitude insolente para passear. Para retratar isso, saí da vista de Harrison e reapareci após um instante, desfilando do jeito dele, passeando como se tivesse acabado de sair de um buraco qualquer. Eu tinha me transformado nele, o desiludido Lorde Ford, senhor de tudo para onde olhava, se assim quisesse. Estudei o ambiente ao redor com olhos entediados e desiludidos e um meio sorriso na boca, me comportando como se tivesse ido parar inadvertidamente em algum lugar patético qualquer diante de um bando de fingidores carentes e aprendizes de fingidores que infelizmente não tinham estilo suficiente para interessar a mim/a ele.

Ainda não tinha olhado para Harrison para ver como estava indo o meu retrato dele, pois estava ocupada demais aparentando indiferença e impaciência com tudo ao redor. Eu chegaria até ele na hora certa. Enquanto isso, que pessoa criminalmente inepta decorou aquele ambiente onde eu estava? Decorado? Estava mais para destruído! Uau. Eu estava impressionada com o fato de meus olhos não estarem sangrando com o insulto que alguns chamariam de decoração de interiores. Não deveria ser inferiores?

Durante minha representação do monólogo interno de Harrison como eu imaginava, enfim deixei um dos meus olhos passar levemente na direção do rosto dele e vi que ele não só estava rindo como dava aquela risada silenciosa e forte, reservada para o verdadeiro entusiasmo. Quase quarenta anos depois, ainda penso nisso como um dos melhores momentos da minha vida. Da minha vida "amorosa".

Tentei não deixar esse breve momento interromper a imitação e voltei a olhar para o ambiente decepcionante ao redor, mas não pretendia que aquilo durasse muito mais — por que arriscar? Quer dizer, isso realmente poderia mudar tudo. Se a minha interpretação do meu colega de cena como um cara presunçoso, desmazelado e nojento fosse boa o bastante, Harrison poderia inesperadamente (mas de modo gentil e responsável) abandonar a esposa e, após uma quantidade de tempo quase imperceptível, porém respeitosa, se casaria comigo (com discrição e bom gosto) e nós espantaríamos a todos, incluindo a nós mesmos, permanecendo juntos pelo resto da vida de quem morresse primeiro. E tudo porque ousei fazer uma imitação dele no pub um dia! A partir de então, Harrison perceberia que eu era a única pessoa com quem ele se sentiria confortável o suficiente para ficar... bom, ainda constrangido, mas agora em paz com o fato de achar o mundo uma decepção constante. Eu continuava a desfilar na direção dele e depois ao lado, finalmente deixando meus olhos se voltarem na direção de Harrison.

Para minha surpresa, eu via que ele *ainda* estava rindo, o que quase me fez rir também, mas consegui manter a imitação, esticando os lábios para o lado a fim de indicar o que talvez pudesse ser traduzido como um sorriso, mas acabou sendo um intervalo entre caras feias antes de voltar minha expressão a um sorrisinho tranquilo. Lembro distintamente que essa foi a parte da minha imitação que mais o impressionou.

Não que algo pudesse me convencer de que o nosso flertezinho fosse muito mais do que aquilo. Um romance de verão sem o romance. E sem o verão, também.

Agora que eu tinha gerado essa resposta incrivelmente empolgada da parte dele, o perigo era que eu desejasse fazê-lo rir como um ser humano durante *todas* as próximas noites que passássemos juntos. Já era ruim o bastante o fato de eu conseguir fazer isso esta noite. Por favor, Deus, não me deixe sentir a necessidade de estimulá-lo a ser o Sr. Risadinha no set também.

Seria uma ótima ideia, não seria? Fazer com que o meu objetivo de vida fosse levar Han Solo a gargalhar ao longo de um campo de asteroides ou uivar de rir do fato de o copiloto Wookie ser ridiculamente peludo. Que tal cuspir a bebida quando visse alguns mynocks discretos?

Não. Harrison não estava neste planeta para ser levado por mim a ter ataques incontroláveis de riso. Eu teria que controlar o impulso de entretê-lo de modo a não chamar a atenção para a possibilidade de sermos mais do que colegas de cena. Talvez não muito mais no que dizia respeito a ele, mas eu não tive tanta sorte.

Ah, homens.

Se eu nunca tivesse sucesso aquela cobiçada risada, jamais teria sabido o que estava perdendo; só saberia que estava perdendo algo além de ele não ser solteiro, acessível ou, na maior parte das vezes, carinhoso. Eu não teria sido capaz de imaginá-lo rindo animadamente nem saberia o quanto era incrível estar com uma pessoa *e* sentir que ela gostava de você! Você sabe, daquele jeito prolongado de quem quer continuar se vendo.

Foi a primeira vez que senti que Harrison gostava de mim. Não porque ele quisesse dormir comigo e ninguém mais estivesse por perto de um jeito conveniente. Ele gostava de mim. Eu o fazia rir. Eu tinha feito uma imitação dele para ele, mesmo temendo sua reação, e deu certo! Arrisque-se e ganhe um prêmio ou pegue o prêmio emprestado de alguém enquanto durar o filme e espere que a situação não fique constrangedora depois, quando vocês gravarem as continuações.

Quando ele voltou ao seu estado paranormal, nós nos sentamos e sorrimos, cada um esperando que o outro fizesse o quê? Dissesse algo! Diga algo!

— Faço outras imitações — falei finalmente, dando de ombros. — Mas não acho que elas dariam muito certo neste ambiente específico.

Ele acendeu outro cigarro e eu rapidamente peguei um dos meus, deixando que ele o acendesse com outro fósforo enquanto evitava olhá-lo nos olhos.

— Judy Garland, por exemplo. Mas você provavelmente não iria gostar.

— Por que não?

— É bem estridente, tem dança e muita maquiagem.

Ele aquiesceu, tirando um pouco de nicotina do lábio inferior e jogando para longe com um peteleco.

— Alguma mais silenciosa? Como a minha?

Pensei por um momento em uma resposta engraçada. O que dizer? Faça-o rir! Faça ele gostar de mim! Ah, por favor, faça ele gostar de mim! Então tudo vai ficar bem ou algo assim. Mas nenhum bordão veio para dar aquele golpe que reacenderia a chama do sorriso de Harrison. Como eu era babaca. Sempre fui e sempre serei. Ele me odeia agora e pensa que eu sou chata e idiota. C e I.

— Eu poderia imitar meu namorado da faculdade. Ele era superquieto.

Super? Quem diz "super" e continua vivendo? Certamente não sou eu.

Harrison ergueu levemente as sobrancelhas.

— Ah, é?

— Talvez todos os namorados sejam quietos.

Namorados, não! Harrison não era meu namorado e nunca seria. Conserte isso!

— Bom, eu não teria como saber de todos os namorados — tagarelei. — O Simon foi realmente o meu primeiro. E eu não costumo, não estou realmente...

O rosto de Harrison ficou branco e os olhos dele demonstraram uma preocupação súbita. Uma leve cara feia ameaçava surgir.

— Como assim o seu único namorado?

Pisquei. O que eu fiz agora? Tive dificuldade para encontrar o que dizer.

— E aqueles caras todos de quem você falou? — perguntou ele. — Aquele Rob, o fotógrafo, Fred, Buck e...

Ainda fazendo cara feia, retruquei:

— Fred? Eu não dormi com ele, só o conheço. Ora, você também o conhece. Isso significa que *você* dormiu com ele?

Sem esperar resposta, eu continuei, um tanto indignada:

— Eu não durmo com todos os homens que conheço e não durmo com eles só porque falei neles! Minha nossa, se você acha que eu dormi com todos os homens que apareceram em alguma das minhas histórias, então deve pensar que eu sou uma prostituta ou algo assim! Uma vadia! Então eu acho que isso abria o caminho para você!

— Abria o caminho para quê?

— Foder prostitutas! A sua grande e vadia colega de cena... eu!

Ele interrompeu:

— Tudo bem! Chega!

— Certo — respondi, de péssimo humor. — Mas você também cale a boca.

(Uma versão disso aconteceu. Uma versão bem mais tranquila, talvez com menos palavras e muito menos volume.)

Harrison olhou para o tapete no chão e piscou. Por que estava tão aborrecido? Por que ele desejava que eu tivesse dormido com todos os portadores de pênis de quem falei? Ele parecia tão decepcionado pelo fato de eu ser inexperiente como subitamente tinha me revelado que eu pensava em confessar que tinha deixado Buck me apalpar por baixo da blusa depois da festa de encerramento das filmagens de *Shampoo* (e depois me senti uma vadia por vários dias), mas preferi ficar calada e observar o lado do rosto subitamente sério dele em busca de pistas de por que seria má ideia eu ter estado só com ele e Simon. (Ah, sim, eu dormi com Griffin uma vez em Las Vegas, mas isso não conta, porque ele era um amigo e nós nunca mais transamos de novo.)

Eu achava que os homens gostariam se você fosse inexperiente. Será que isso acontecia apenas na era vitoriana? Eu não tinha ouvido uma vez que alguns homens até pagavam para deflorar uma garota? Não que Harrison tenha me deflorado, de forma alguma (como se fosse possível realmente deflorar alguém). Se fosse o caso, então eu estava dando a entender que ele talvez tenha tirado uma pétala no processo de defloramento? Como eu deveria agir agora? Como eu poderia fazê-lo voltar a ser o Harrison risonho de alguns minutos antes, um momento em que, na confusão que se seguiu, rapidamente começava a parecer que tinha acontecido algumas semanas antes? Será que ele me perdoaria por não ser sexualmente... o quê? Sofisticada? Experiente? Por ser uma menina de 19 anos que, apesar de xingar com facilidade e familiaridade, não era exatamente a profissional, vagabunda ninfomaníaca e prostituta que parecia ser?

Não me ocorreu até décadas depois que o motivo para a angústia de Harrison era a implicação de que ele carregava o peso de algo parecido com responsabilidade, no sentido de ter recebido um presente que não queria ou esperava.

Bem, todos sabemos o que aconteceu depois disso... aos poucos nós nos apaixonamos mais e mais (ele mais que eu, obviamente). Foi uma surpresa para nós dois a noite em que ele segurou a minha mão e admitiu, chorando, que apesar de amar muito a esposa, eles vinham se distanciando havia algum tempo. Então, quando me conheceu, ele soube que eu era a pessoa com quem queria passar o resto dos dias, tanto na vida pública quanto na particular. Eu era sua alma gêmea. Eu o compreendia de maneiras que ele nunca imaginara serem possíveis. Nesse momento, ele chorava tanto que teve de parar de falar. As lágrimas rolavam pelo seu rosto forte. Assoou o nariz com a mão, limpou na camisa e sussurrou:

— O destino nos uniu no espaço, mas nós nos unimos na Terra. Seja em Saturno ou em South Kensington, por favor, me dê a honra de ser a companheira com quem eu vou dividir a vida.

Foi quando colocou o anel no meu dedo, e eu nunca mais o tirei, a não ser para depilar os dedos. Um anel de ouro com diamantes gravado com a palavra que ele inventou: "Carri-

son". (Também a usamos como código do portão na casa que temos em Londres, em St. John's Wood, próximo ao pub North Star. Assim, sempre estaríamos perto do lugar onde descobrimos nossa paixão mútua, que continuaria secreta por toda a nossa invejável vida.)

Como posso descrever para você a imagem desse intervalo de três meses no clima desértico da falta de sentimento? Infelizmente, não posso. E não por causa da perda de memória que normalmente vem com a idade, apesar de ser um fator diferencial. É a perda de memória que vem do consumo da maconha. Embora nesse caso não tenha sido o uso contínuo que me privou das lembranças daqueles longínquos meses. Foi a ingestão por três meses da notória força brutal do tipo de maconha preferido de Harrison. É isso que rouba toda e qualquer lembrança vívida e a esmaga sob seu calcanhar de fumaça.

Na época, o baseado levou toda a certeza que eu tinha quando estava na companhia de Harrison, trocando-a por uma paranoia tão intensa que me deixava sem ar. O que me lembro, dos frangalhos das minhas células cerebrais, é o desconforto que experimentei entre estar acordada e dormindo, tentando pensar em algo além de "Você me ama?" ou "De verdade, por que você está comigo?", ou "Você sabe as suas falas para a próxima semana?", ou "Quer que eu pegue outra cerveja para você?", ou "Onde você conseguiu essa cicatriz no queixo?". (Aliás, acredito que a resposta a essa pergunta contenha as palavras "ácido", "menina com sardas" e "o assento sanitário acertou minha cabeça e fez esse corte no meu queixo" — mas eu posso estar errada sobre isso.)

Também duvido que grande parte disso tenha sido dita assim, mas sei que ele estava deitado no sofá do apartamento de Riggs me contando a história. Se ele realmente disse alguma dessas coisas, tenho certeza de que inventou.

Apesar de haver especulações sobre meu consumo de drogas durante *Star Wars*, não usei nada além da maconha de Harrison nos finais de semana durante aquele primeiro filme. Depois disso, não consegui mais fumar maconha. Ela tinha um efeito tão potente e devastador em mim que nunca mais usei essa droga de novo.

Na realidade, agora não consigo lembrar o que era desconfortável demais para lembrar naquele tempo. Por três meses. Da celebração à intoxicação ao encontro à paixão à imitação à indignação. Esse foi o meu trimestre de um caso chamado Carrison.

Harrison terminou de filmar antes de mim. As minhas últimas cenas seriam duas semanas depois, então decidi voltar para LA em uma folga e acabei indo de avião com Harrison. Como eu não era responsável por reservar os voos do filme, não poderia arranjar as coisas de maneira que viajássemos lado a lado, mas foi o que aconteceu, por 14 horas completas. Na classe econômica.

Não sei se ele ficou feliz com esses arranjos, já que não demonstrou reações e eu não escrevi sobre isso nos meus diários, mas acabamos conversando. Mesmo não lembrando do que conversamos no voo, lembro que ele foi gentil. E o suficiente para me permitir fechar a porta do episódio cinematográfico que tivemos juntos, tanto dentro como fora da tela, sem arrependimentos. O que foi uma reviravolta e tanto se considerarmos todos aqueles finais de semana silenciosos.

Lembro de ter dito a ele:

— Eu sou uma jeca.

— Não — ele respondeu. — Você se imagina menor do que é. Você é uma jeca inteligente. — E depois: — Você tem os olhos de uma corça e as bolas de um Samurai.

Foi a única coisa que ele disse em todo esse tempo que indicasse qualquer intimidade entre nós, e foi o suficiente. Não só porque tinha que ser, mas por causa do que estou deduzindo que tenha lhe custado sair do personagem naquela conversa. Nunca mais admitimos que algo daquela natureza ocorrera.

De qualquer forma, fico mencionando esses diários. Os que eu mantive durante as filmagens do primeiro *Star Wars*, os diários dos quais tinha esquecido, mas que encontrei recentemente. Agora, você está pronto para ouvir. Ou ver. É hora do show.

Anotações de alguém à margem, ou a mártir inconsequente

Jamais poderiam me chamar de derrotista
Olho para uma coisa correta
Até achá-la ruim
Leiloando-me pelo mais baixo lance
Dou-lhe uma, dou-lhe duas
Feito
Vendida para o homem pelo preço do desprezo
Alguns são vendidos por uma canção
Não avalio um refrão.

Tudo ia um pouco bem demais
Se não tomasse cuidado, em breve seria feliz
O céu não é lugar para aqueles que crescem no
inferno
Que preferem migalhas à fartura.
Então, quando quase aceitara a vitória
Quando meu futuro promissor parecia que nunca
seria ofuscado
Quando minha sorte parecia ter apenas começado
Eu o conheci.

Rabugento e zombador; um verdadeiro Marlboro
man
Bebe a cerveja e come a latinha
Alto, com um olhar lascivo
Pode contar com ele para censurar ou desaparecer

Eu soube de cara que ele era um achado
Ele sabia que tinha que ser cruel para ser gentil
Assim, ele foi o homem mais gentil que eu conheci
*   na vida*
Meu senso de inutilidade voltou
E minhas há muito perdidas dores de
*   arrependimento*
Voltei ao meu velho eu de novo, perdida e confusa
Unida àquele velho sentimento
De não ser compreendida, de ser maltratada.

Vendida para o homem pelo preço do desprezo
Tudo isso seria interessante
Se não fosse tão trivial.

*E*le é como uma fantasia. A inevitabilidade de sua fuga é provavelmente sua característica mais atraente. Entrega-se a silêncios sem esforço; já eu, só me encolhendo e suspirando, até ser vencida pelo completo peso do estilo-de-vida-fica-parado-fica-calmo. O silêncio fala mais alto do que as palavras e grita: CHATO! Ele é chato e tenta fazer parecer que é mais por decisão do que por acidente. Os silêncios fazem minha compostura se descompor de dentro para fora.

Imagino como ele é de dentro para fora. Sempre supomos que, quando a superfície oferece tão pouco, as profundezas devem ser incomensuráveis. Tudo que é inacessível deve valer a pena. Odeio a ele e todo o seu silêncio. Mas amo a censura implícita, a idade avançada, a seriedade, o desdém, o "tipo forte e silencioso".

Silêncios terríveis, assustadores. Escondendo-se atrás de todos aqueles maneirismos e de toda aquela discrição, encolhido atrás dele. Cigarros sem filtro, cervejas, mulheres e camisas de lenhador. E todo aquele silêncio para decifrar. Não basta ler nas entrelinhas, é necessário preenchê-las por completo. Porque ele não está aqui. Para fazê-lo importante em sua vida era necessária uma imaginação hiperativa. Infelizmente, a minha nunca sabe quando parar.

Durante os longos períodos de silêncio, você pode estudá-lo, eventualmente o informando das coisas de que gosta e daquelas de que não gosta. (A satisfação de suas fantasias.) Informei-o para que fosse inatingível, desinteressado, atraente e chato quando em minha companhia. Meu par ideal. Alguém para aguentar, nunca aproveitar. Estou totalmente à mercê dele. Sofro nos silêncios, imaginando que ele está sofrendo com a minha companhia. Que sou apenas uma alternativa por ele não ter nada melhor para fazer. Estou assustada com o poder que dei a ele sobre mim e com o fato de que ele certamente vai envergonhá-lo por simplesmente não ter total noção de que o possui.

Então, ele faz sua apática cara de paisagem e eu me sento praticando irônicos olhares perspicazes em algum lugar de seu campo periférico. Não ouso escolher um tópico por medo de não ser engraçado ou interessante o suficiente para seu julgamento assombroso. Com o seu silêncio, ele se estabelece como uma forma de audiência presa numa armadilha, e então você se arrebenta para encarar o tremendo desafio que é entretê-lo, morrendo de preocupação de que os dentes dele possam te sufocar. Ah, ele é muito engraçado às vezes, com seu senso de humor seco. Mas apenas se permite divertir por meio período. Eu me viro — é claro que ainda não tinha ouvido falar nas leis do trabalho infantil. Mas, também, ainda não tinha aceitado por completo que não sou mais uma criança. Assim que fizer isso, vou ter que aceitar a responsabilidade de tudo o que faço.

Não temos nenhum sentimento um pelo outro. Ficamos enterrados lado a lado à noite e nos caçamos durante o dia. Encenando algo que não sentimos e vendo através de lentes que não merecem o menor foco. Nunca fiz nada que se parecesse com isso.

Sento-me pacientemente, esperando as consequências. Falo, ando, como e durmo pacientemente, esperando as consequências. Como é que algo que não parece estar acontecendo pode terminar? George diz que, se você olhar para a pessoa com quem alguém escolhe se relacionar, vai ver o que eles pensam sobre si mesmos. Assim, Harrison é o que eu penso de mim mesma. Mal é um relacionamento, no entanto é uma escolha. Analisei todas as opções e escolhi a mais provável de partir. Sem investimentos emocionais. Nunca amor para mim — apenas obsessão. A pessoa tem que ficar parada para que você a ame — e minhas escolhas estão sempre correndo.

Não consigo mais pensar nisso. Faz minha cabeça doer. Minha mente faz hora extra para tentar racionalizar, categorizar e definir a situação até que não signifique mais nada. Colocar em palavras — não dá para sentir as palavras. Acho que, se pudesse dar um nome ao que sinto, eu iria embora. Encontraria a palavra que descreve o sentimento e a diria sem parar até que se tornasse um mero som.

Aquele antigo sentimento de desesperança. Aquela vaga noção de desespero; lutando para não perder algo antes de decidir o que você tem. Tenho que agradecê-lo um dia por me ensinar a ser casual. Percebo que ainda não sou muito experiente nisso, mas, com um pouco mais de tempo, sinto que consigo aprender a agir como se quisesse estar em algum outro lugar, talvez até conseguisse parecer que *estava* em outro lugar. Posso encantar os pássaros das árvores de todo mundo, menos da dele. Abutres são difíceis de encantar, a não ser que você esteja por aí apodrecendo em algum lugar ao sol do meio-dia. Casualmente apodrecendo... um cadáver desinibido.

Desculpe, não é Mark; mas poderia ter sido. Deveria ter sido. Poderia ter significado alguma coisa. Talvez não muito, mas com certeza mais.

*E*ssa é uma situação totalmente surreal, mas é a única realidade que tenho. Telefono para amigos, tentando reaver uma parte da minha antiga perspectiva de loja de US$ 1,99, mas não importa quanto tempo conversamos ou quão profunda é nossa análise, pareço não conseguir reter nada daquilo. Não sei exatamente como me sinto com nada disso. É importante decidir se tudo isso é certo ou errado, mas, como sempre pareci me julgar em termos de padrões e opiniões de outras pessoas, não tenho reservas morais próprias para dizer. Sempre confiei na gentileza dos estranhos, conhecidos, amigos, parentes e Tennessee Williams para me apoiar. Tenho certeza, no entanto, de que, se eu tivesse princípios, o que estou fazendo agora violaria quase todos eles.

Tenho a impressão de que, não importa o que aconteça, sempre vou permitir que me machuque. Corroendo minhas entranhas, como aconteceu; como vai acontecer. Como sempre acontece. Por que sou tão acessível? Por que me dou para pessoas que sempre vão permanecer e devem sempre permanecer estranhas? Tenho sempre confiado na crueldade dos estranhos e devo parar com isso agora. Sou uma tola. Preciso de férias de mim mesma. Não tenho sido muito boa nisso ultimamente.

uem você quer que pensem que você é? Como você acha que as pessoas te veem? Ou você não as deixa perto o suficiente para ver? Você decide por eles. Você acha que é bem-sucedido em convencer as pessoas de que você é o que parece ser? Você faz as pessoas te encontrarem em seu próprio território. Não as ajuda. Deixa que se enforquem verbalmente e se sente melhor consigo mesmo, seu poder, seu senso de valor. Você tem o poder de os alienar e, se eles permitirem, pode até conseguir fazer com que se sintam estranhos e tolos — tolos por deixarem que você os afetasse. Você quer que eles gostem de você? Ou é uma daquelas pessoas que "não ligam para o que as pessoas pensam"? Você não está vivendo sua vida para eles, então por que deveria se importar com o que as pessoas pensam? Você atrai as pessoas para que venham até você, e, quando em algum momento elas vêm, você as pune com sua soberba. Nada fora do seu normal.

*G*ostaria que você me amasse mais para que eu pudesse te amar menos.
— Eu não

O homem sentado sozinho, tão quieto e forte
Então, e se você se sentir atraído por todos os
motivos errados
Então, e se seu raciocínio estiver errado
Chame a indiferença dele de mistério
Chame a arrogância dele de intelecto
Tudo o que você tem a perder é o seu coração
E um pouco de respeito por si mesma.
Se você tiver arrogância e indiferença
Pode fazê-los pagar
Eles são o produto mais comercial
No mercado romântico atual.

O que acha que sinto por você ou penso de você? Quão sofisticada acha que sou? Essa não é uma pergunta justa, porque obviamente eu nem sei como respondê-la. Eu me superestimei. Pensei que poderia ficar com as crianças maiores. Os crescidos. Aqueles que fazem as perguntas parecendo que já sabem as respostas. Que nunca se entregam; nenhuma lembrança emocional.

O que está havendo comigo? Que droga estou pensando que sou? Por que acabei casualmente envolvida com alguém com quem, se for honesta comigo mesma, não me importo, e que não se importa comigo. E é casado.

Tenho que resolver isso de uma vez por todas — esse padrão de ficar obcecada por homens inacessíveis. Acho que só cheguei na borda até agora. Acho que perdi a noção. Primeiro, homens gays, que já estavam inacessíveis antes que eu chegasse, então não posso levar para o lado pessoal — só o suficiente para sentir o gosto em minha boca. O gosto do desinteresse e abandono, parecido com queijo cottage seguido de um gosto de peixe defumado. Desde então, parece que não consigo parar. Como foi antes — e como é agora. Comecei lanchando a inacessibilidade de canalhas silenciosos aleatórios e cheguei a fazer refeições inteiras deles. Agora já estou mais do que cheia. Quero a conta. Garçom?

O brigada pelos bons tempos. Obrigada por ser tão generoso com o que você não me deu. Obrigada por ser uma cobra no meu gramado, um espinho no meu lado, o pé no meu saco e a faca nas minhas costas, a faca cega no meu trabalho, a mosca no meu unguento. Meu calcanhar de Aquiles. Pega num redemoinho, sem âncora, relaxando na situação, calmamente afundando por uma das muitas últimas vezes.

enho que aprender algo com meus erros em vez de estabelecer um novo recorde para quebrar. Talvez parar de brincar com todos esses seres humanos e me apaixonar por uma cadeira. Teria tudo que a situação imediata tem a oferecer, e menos, que é o que preciso, obviamente. Menos feedback emocional e intelectual, menos calor, menos aprovação, menos paciência e menos troca. Quanto menos melhor.

Cadeiras. Sempre estão lá quando você precisa delas. Por mais que a permanência delas signifique devoção total, conseguem se manter completamente distantes, esquivas e insensíveis. Imóveis e leais. Confiáveis. É isso, cadeiras. Tenho que mobiliar meu coração com sentimentos por móveis.

Mas, com esses seres humanos, nunca se sabe. Eles podem não querer te machucar. Podem até gostar de você, e essa é a pior coisa que poderia acontecer. Porque o que você pode fazer com as pessoas que gostam de você, a não ser, claro, desapontá-las?

É muito perigoso ter alguém gostando de você, porque um dia ele vai descobrir que você não é a pessoa que ele pensava. E um dia vocês vão acabar tendo apenas uma coisa em comum, e vai ser o sentimento compartilhado de condescendência e nojo. Claro que você sempre soube quão tola e inútil era; só teve esperança de que, se abaixando o bastante atrás de si mesma, ele não veria. Mas, um dia, quando sua atenção estiver de folga, você vai ver que ele está vendo. E ambos percebem seu verdadeiro eu. Percebem seu comportamento. E aí, você está perdida. Não. Você estava perdida desde o início.

Não me ofereça afeição
Busco desinteresse e rejeição
Meiguice faz minha pele arrepiar
É uma torpeza atenuar
Ao me propor felicidade
Propõe um exagero
Meu ideal é um eterno desejo
Por alguém a quem por um triz não me achego

S ou a única que pode vir em meu resgate. Sou a única que pode me ajudar agora. Mas não sei como me ajudar. E devo adicionar que não quero me ajudar. Que quero me esvair de toda esperança, que vai me deixar a salvo e ressequida, sem nada a perder. Nesse ponto, as coisas só podem melhorar, se eu deixar que melhorem.

Não consigo focar nas coisas boas. Há coisas boas acontecendo à minha volta, mas eu não confio nelas, não posso usá-las e não tenho tempo para elas. Estou muito preocupada com meu precioso pânico. Parece demandar quase toda a minha atenção. Minha própria coleção particular de pânico.

Preciso escrever. É o que me mantém focada por tempo suficiente para completar meus pensamentos. Deixar que cada fio de pensamento chegue à sua conclusão e que um novo se inicie. É o que me mantém pensando. Tenho medo de que, se parar de escrever, eu pare de pensar e começo a sentir. Não consigo me concentrar quando estou sentindo. Tento colocar os sentimentos em pensamentos ou palavras, mas eles sempre parecem surgir em declarações desconexas e abrangentes. Jargões adolescentes temperados com seleções aleatórias de um vocabulário bastante vulgar. Um vocabulário do Frederick de Hollywood. Eu queria conseguir me deixar em paz. Queria conseguir sentir que finalmente me puni o suficiente. Que merecia uma folga devido a todo o meu mau comportamento. Sair do castigo, me arrastando para fora do barco onde sou torturadora e também torturada.

onfio em todo mundo. Não tenho um eu restrito particular, reservado especificamente para algumas pessoas especiais e confiáveis. Confio e desconfio de qualquer um. Fechei o círculo. Mas dessa vez, ao retornar ao zero, posso encenar o erro com mais maestria. Estou a caminho de me tornar uma perdedora muito habilidosa. Uma especialista, a maior perdedora de todos. Um dom para falhar. Faço isso com estilo e classe.

*E*stou com reservas físicas e mentais. Selecionando cuidadosamente e juntando todos os ingredientes para minha receita da ruína. Histeria caseira. Fresquinha da mente e pronta para servir. Tormento para viagem. Não posso nunca mais me envolver em situações que me façam sentir sórdida dessa maneira.

Uma mão sobre a outra a caminho do topo
Temerosa de retornar ao início
Desejosa de ser mais que uma menção

A felicidade lhe acena
Disfarçada de dinheiro e fama
Um dia, tudo pode ser seu
À menção de um nome

Ser um dos rostos familiares
Dando as ordens sem formalidades
Esse é o seu desejo
Mas tem que subir muito mais
Na escada
Aí, não importará
No topo do mundo
Você estará
É lá que você quer chegar

Uma palavra familiar
Como Ajax ou Abbe Lane
Uma reputação a zelar

Uma explosão para encorajar
Olha! Lá vai ele, pessoal, alto
E cada vez mais alto
Sonhando em saltar da frigideira do anonimato
Para o fogo hollywoodiano

Chegar a uma solução não foi
Algo fácil de fazer
Era eu ou você, e escolhi você
Embora longe de ser um palhaço, você falou
    usando amargas,
Amargas charadas
Poderia ter lhe dado tanto, mas você quis
Tão pouco
Pensei que você supriria a meiguice
Que me falta
Mas de todas as coisas que ofereci
O que me tirou foi o fôlego
Que agora quero de volta

Nunca tive o que queria
Porque nunca queria o que tinha
Pensei que você fosse diferente, mais bonito do que
    a maioria
E duas vezes pior
Inflexível e ácido, um tanto baixo
E às vezes um doce
Tentei nas suas entrelinhas ler
Pois tão raro era o seu falar
Mas dei muito mais crédito do que você
De fato merecia receber

Veja só, pensei que enxergava apenas metade do
   homem
Mas era tudo o que havia em você

Você tirou meu fôlego
Tirou meu fôlego
Você tirou meu fôlego
E agora o quero de volta

*U*ltimamente, estou mais perto da pessoa que quero ser quando estou sozinha. Com as pessoas, ouço minha voz e simplesmente me pergunto para que ou por que estou fazendo tudo isso. Expondo-me na frente das pessoas. Depreciando meu imenso valor por estar prontamente disponível para quase todo pedestre aleatório que passeia na calçada do meu foco. Se alguém está à distância de me ouvir, atiro o anzol para o fisgar pela boca.

Essa droga me colocou no meio do furacão. Ou seria do tornado? Seja o que for, são muitos eventos climáticos colocando em risco tudo o que é valioso. Se eu conseguisse ter uma ideia fixa própria, não teria que olhar constantemente para outras pessoas. Tentando adivinhar seus pensamentos, convencê-los da minha ideia de mim mesma. Esperando que, se eles acreditarem que essa é quem eu sou, aí talvez eu consiga acreditar nisso também. Mas, quando acreditam de fato, quando se convencem de que eu sou quem pareço ser — e até aprovam —, inevitavelmente sinto que os enganei. Que devem ser bastante ingênuos para cair na minha dança.

eu pânico está aumentando de novo. Minha sensação de isolamento e inutilidade. E nenhuma outra sensação, aparentemente. Não é legal estar na minha cabeça. É um lugar legal para visitar, mas não quero morar aqui. É muito cheio aqui; muitas armadilhas e perigos. Estou cansada disso. A mesma pessoa de sempre, entra dia, sai dia. Gostaria de tentar algo diferente. Tentei arrumar minha mente, organizar cada arquivo em pequeninos pensamentos, mas tudo só ficou mais e mais abarrotado. Minha mente tem uma mente própria. Tento estabelecer meus limites ao ver quão longe posso ir, e descubro que os ultrapassei há semanas. E tenho que encontrar meu caminho de volta.

*P*are de bancar a mártir tagarela. Você só está tentando transformar soda em cianureto. Falo de mim mesma na terceira pessoa, como se estivesse falando com uma filha minha ou com uma nova série de TV. E falo pelas minhas costas. Falo sobre minha vida particular e meu ser como se fossem apenas fofoca banal. Me faço e me vendo fácil. Vivo como que em série. Sou a versão *Mad Magazine* da revista *Psychology Today*. Eu me detono.

Eis o que ele disse:

— As pessoas se adaptam a você. Não se preocupe, você não pode mudar em quase nada o que pensam sobre você. Da mesma forma, o que elas pensam não pode te mudar. Fique aí pacientemente aguardando a temida, mas esperada, reprovação. Está com medo de parecer tola e pretensiosa. Ataca tudo o que diz com uma pinça, arrancando até não conseguir lembrar o que disse exatamente, em que contexto estava, se de fato foi verbalizado, se alguém ao menos ouviu. E quão importante é a opinião deles para você? Existem credenciais mentais tão impressionantes que você tem que se ver com os olhos dele, se descobrir repugnante e/ou chata, e depois agir como se isso importasse?

Por que eu tenho tanta pressa em descobrir o que as pessoas pensam de mim? Até tenho o trabalho de já chegar me expondo para apressar as decisões. Dou uma das muitas variedades de resumos, breves e não tão breves, de onde podem tirar suas conclusões. Depende de quanto tempo e energia tenho, e aí concedo porções de mim mesma de acordo com eles. Não posso me permitir ser arrastada para os pensamentos de que é romântico ser neurótica, que ser neurótica significa ser complicada e algo intelectual. Intensa. Orgulhosa do fato de conseguir ficar em sintonia com o mais intenso desespero. Uma garota neurótica, complicada, um pouco intelectual, intensa, que também é louca, pateta e excêntrica. Indispensável num velório.

Tenho que ser quem sou, e as pessoas se adaptam a isso. Não tente apressar ou influenciar a decisão. Não deixe que o que pensa que pensam de você te paralise e te faça questionar tudo o que é. Claro, entre as várias versões de você, pode ser que descubra não apenas que tem qualidades suficientes para te manterem em frente, mas que também "podem te levar longe". Talvez até uma ida e volta a Alderaan.

Para quem você está fazendo toda essa porcaria? Certamente não para si mesma. Se fosse a única presente para ser você mesma, você pararia pela falta de interesse. Você sabe toda a merda que fala para as pessoas — sabe, viveu, está vivendo etc. Então, qual é o objetivo de dizê-las para toda e qualquer pessoa? Insinuando-se para eles ao ficar tão disponível. "Admitir" e "confessar" e "confiar" a eles todas aquelas coisas que soam secretas e especiais e espontâneas, quando na verdade são a mesma estratégia de sempre. Sedução. Você ficaria ofendida se estivesse vendo de fora. Alguém me contando coisas que não pedi para ouvir. Coisas que não quero ouvir. Muita coisa, muito cedo, e não sei o que ela quer em retorno. Devo acenar com a cabeça e sorrir, parecer interessada, ou ela espera que eu também conte histórias? Será que espera que eu conte da minha infância, dos meus pais, de culpa, de ansiedade, de medos, de sexualidade? Porque, se é isso, tenho outra coisa em mente.

Eu devia deixar as pessoas que conheço terem o trabalho de encaixar as minhas peças até completarem, ou quase isso, o quebra-cabeça. Quando terminarem, podem olhar para a figura que conseguiram montar e decidir se gostam dela ou não. No tempo delas. Deixe que te descubram.

Você é meu colecionador de pensamentos
Filtro de amor de meio expediente
Se arrastando em círculos e círculos e círculos
Nos meus sonhos
E me faz sorrir
Adorna meu entrementes
A extremos me levando
Pode me ouvir, meu doce motorista?
A extremos me levando

a lgo realmente incrível aconteceu comigo. Algo que deveria ter acontecido há muito tempo; mas, meu Deus, fico grata que tenha acontecido. Quer dizer, isso muda tudo. Você provavelmente está pensando: "Ah, ela está se apaixonando" ou "ela encontrou Deus (ou o IRA ou qualquer outra coisa)". Mas não é nada desse tipo. Apesar de ser, de certa maneira, como todas essas coisas, porque é um tipo de experiência revolucionária, profunda, emocional e religiosa. E, ao mesmo tempo, não tem nada a ver com isso. Acho que deveria apenas contar exatamente o que aconteceu e deixar que fale por si mesmo.

Eu estava sozinha uma noite, fazendo as coisas normais que uma pessoa faz quando passa algum tempo sozinha consigo mesma. Você sabe, transformar as pedras no caminho em montanhas, escalar as montanhas até o topo, comer um bolinho e depois se jogar da montanha. Coisas assim. Em todo o caso, eu fiz isso... Ah, quatro, talvez cinco... digamos que umas 19 vezes. Estava pronta para começar a construir a partir da minha vigésima pedra quando, de repente, pensei ouvir alguém tocando a polca do lado de fora da minha janela.

Descobri, um tempo depois, que era uma gravação de Ray Conniff Jr. tocando ao vivo com o

Led Zeppelin, no Troubadour. Foi no início da carreira de Ray Conniff, antes de ele ficar muito comercial. Quando ainda era jovial e inovador e... Bem, quando a música dele entrava em você. Sabe o que quero dizer? Lembra dos dias em que todo mundo saía da escola e ia correndo para casa, pegava uns pacotes de salgadinho e vinho Ripple, colocava seu disco favorito do Ray Conniff para tocar e simplesmente relaxava? E descobrir quando seu novo disco sairia, correr até a loja, torcendo para que não estivesse esgotado.

Conheço um cara que realmente viu um show de Ray Conniff, antes que ele parasse de fazê-los, porque as mulheres gritavam tão alto que não dava para ouvir a música. Mas esse cara estava perto o suficiente e conseguiu ouvir muito bem e ficou simplesmente... bem, completamente maravilhado. Quer dizer, ele disse que foi tão tocante, sabe? Disse que Ray Conniff... e eu não estou inventando isso. Disse que Ray Conniff era a pessoa mais real, mais bem resolvida que ele já vira. E esse cara era uma pessoa vivida e conheceu todos eles (sim, inclusive Mantovani), e mesmo assim Ray Conniff foi a pessoa cuja mera presença e cuja ainda mais mera música mexeu com ele profundamente.

Em todo o caso, nada disso tem realmente a ver com a minha experiência, só que eu penso no quanto é irônico estar lá sentada e de repente ouvir essa música incrível que já tinha significado tanto para mim. Então, parei de trabalhar na minha pedra e fui até a janela ver de onde vinha a música. De repente, percebi uma luz ao longe, e parecia vir na minha direção. Ao chegar mais perto, pude ver que a luz vinha de uma chama. Olho essa situação do passado e a acho muito estranha e meio assustadora, mas na época não achei nada. Estava quase 2 metros na minha frente quando percebi que olhava para um homem sentado em uma torta flamejante. Sorriu para mim, sereno — ou talvez tenha tossido violentamente —, mas, seja lá o que tenha sido, foi místico. Quase vergonhosamente místico, se é que você me entende.

O homem deve ter me percebido corar, porque me ofereceu uma truta arco-íris e dinheiro suficiente para terminar de pagar minha nova academia. Meus olhos se encheram d'água, ele se inclinou e enxugou meus olhos com a truta e disse:

— Você nunca mais vai precisar transformar as pedras no caminho em montanhas de novo. Você se julgou mal. Não é quem pensa que é. Tem se avaliado a partir do lado errado do telescópio, alguém pode dizer. Você não foi capaz de se ver claramente. Veja, minha querida, você não é Carrie Fisher mesmo. Só falaram isso para te testar. Bem, agora, querida, o teste acabou, e eu tenho o prazer de dizer que você passou com um 6,0. Pode se formar na sua verdadeira identidade. Veja, querida, você é o Sr. Ed, na verdade. E sempre foi, todo esse tempo. Agora pode viver a vida como quem você foi planejado para ser. Adeus.

Enquanto o observava sumir em sua torta flamejante, de repente notei a truta arco-íris sorrindo para mim do peitoril da janela, onde o homem místico da torta a deixara. Comecei a perguntar se poderia lhe oferecer algo — um drinque, uma isca — quando ela soltou uma risada estridente e inesperada, como só os peixes conseguem fazer. Perguntei educadamente o que era tão engraçado e ela disse:

— Você. Então você é o Sr. Ed. Cara de cavalo velho e piadas idiotas. Não me admira que tenha sido cancelada.

Então, ela riu de novo e continuou rindo até cair do peitoril da janela na rua abaixo. Ficou ali a noite inteira, rindo escandalosamente, até que de repente as risadas pararam. Não sei o que aconteceu com ela. Mas esses dias alguém estava falando sobre a continuação que Don Knotts faria de *O incrível Sr. Limpet* (*O incrível Sr. Limpet 2*), e descreveram o peixe que tinha o papel antagônico a Knotts, e só pode ter sido minha truta arco-íris.

Místico, hein?

Leia, 1976
STAR WARS: Episódio IV — Uma nova esperança

Nos bastidores: Harrison Ford, Mark Hamill e
Carrie Fisher no set do primeiro filme de Star Wars.

Carrie Fisher nos ombros de Warren Beatty
durante as filmagens de *Shampoo*.

Carrie Fisher clicada por um paparazzo saindo do restaurante Chasen's em Beverly Hills.

Harrison Ford conversa com Carrie Fisher durante o intervalo das filmagens do especial *The Star Wars Holiday* para a CBS-TV.

Fotografia de divulgação para *STAR WARS: Episódio IV — Uma nova esperança*.

Páginas manuscritas dos diários de Carrie Fisher.

Cortesia Lucasfilm Ltd. LLC.

A princesa, o contrabandista e um elenco numeroso.

Mark Hamill, Carrie Fisher e Harrison Ford fazem uma pausa para comer no início de sua turnê de divulgação.

Coleção de *action figures* lançada pela Kenner Products.

Cortesia Ben Queenborough/REX/Shutterstock

Carrie Fisher, Gary Fisher e a Princesa Leia de cera no Museu Madame Tussauds, em Londres, maio de 2016.

Cortesia Lucasfilm Ltd. LLC.

STAR WARS: Episódio IV — Uma nova esperança

O mar está cheio de peixes
E você certamente um peixe me parece
Macio como um lagostim com uma boca que abre
E fecha
E como um peixe, você não diz coisas belas
E não manda flores algumas
Os muitos mares estão cheios de peixes
E como um peixe, você não dá diamantes
Brilhantes

Nem se coloca de joelhos
Se você não tivesse se aproximado, eu não
*   perceberia*
Quando você se afastaria
Mas você preencheu minhas noites para depois
Esvaziar os meus dias
Há garotas que podem ser socorridas
E há garotas que podem ser possuídas
Mas você me socorreu e depois me possuiu
E sou agora um peixe e preciso de socorro
*   novamente e preciso*
Muito de socorro.

Mas, como disse o pescador, o mar
Cheio de peixes está
E talvez um doce salmão um dia virá
E comigo para longe nadará

Quando conversamos não é meramente conversa
    fiada
Discutimos coisas que realmente não importam
Falamos de amor e de Deus e de dor
Para a eterna canção da vida
Adicionamos mais um refrão
E à medida que o ritmo fica mais e mais delirante
As palavras ficam mais e mais pedantes
Não deixamos nenhum sofisma de lado
À medida que nossa retórica se intensifica
Usamos nosso amplo vocabulário
Para disfarçar nosso amplo senso ordinário.

As palavras se alongam e a trama diminui
Outro discurso para discutir ao digerir
Não há sentimento que não possamos analisar
Buscando toda chance de intelectualizar
Falando no presente e no pretérito
Fazemos muito mais ruído
E muito menos sentido.

Ela: Eu te amo.

Ele: O quê?

Ela: Nada... Deixa pra lá.

[Pausa]

Ele: Houve algum problema? Digo, você parece meio desconfortável.

Ela: Eu? Não, estou bem. Sinto-me como um nenúfar flutuando numa lagoa chinesa.

Ele: Você o quê?

Ela: Eu disse que me sinto como um... Ah, deixa pra lá. Está tudo bem. Estou bem.

Ele: Tem certeza?

Ela: Sim... Só estou um pouco estranha. Só isso.

Ele: Quer alguma coisa?

Ela: Alguma coisa.

Ele olha para ela por um momento, depois olha fixamente para o nada, assentindo com a cabeça.

Ela ri.

Ele: O quê?

Ela: Hã?

Ele: Você fez parecer que ia dizer alguma coisa.

Ela: Fiz? Acho que sempre faço isso. É um tipo de tique.

Ele olha o nada.

Sheila e Hugh

Descansar nos braços
Testar seus encantos
Repetir um ritualístico "eu te amo"
Compartilhar uma briga
Ou um beijo na penumbra
Dar de ombros quando os amigos perguntam:
*   "O que há de novo?"*

Após o casamento
O quadril dela começou a crescer
O cabelo dele começou a cair
Eles continuaram juntos
Agora por força do hábito
E não por grande necessidade

Do trabalho ele volta
Mostrando sinais de canseira
Enquanto ela passa os dias a limpar
Deixando as novelas seu cérebro lavar

Ele lê o jornal da noite
Ela o chama para comer
Silenciosos partilham a refeição
Ela está entediada, ele exausto apenas

Sobem as escadas
Multiplicando a monotonia
A cada passo que dão
Acham as horas que passam dormindo
Mais satisfatórias
Do que aquelas que passam acordados

Ele tira as roupas de trabalho
Ela coloca os bobes e o creme
E espera que os lençóis os protegerão
Do demônio da rotina diária

Aí, ele apaga a luz do abajur
E a escuridão não abafa ruído algum
Pois na escuridão você pode ser qualquer um
Donas de casa serão meninas
E homens de negócio, meninos

"Eu te amo, Sheila"
"Eu te amo, Hugh"
Mas ela se decide sobre pratos

E os pensamentos dele são oblíquos
E os lençóis oferecem refúgio
A esse eterno par
No qual um não sabe mais
O porquê de o outro ali estar

*a*jo como alguém num abrigo antibombas tentando animar todo mundo.

$\mathcal{E}$le está longe de ser tolo, nem perto disso. Eu estou bem próxima. Posso sentir a tolice, dele tão distante, No meu pescoço resfolegar.

*G*ostaria de não ser capaz de me ouvir pensar. Constantemente ouço minha mente tagarelar e matraquear sozinha lá em cima. Queria que me desse uma porra de um tempo. Escreva, não pense, escreva. Você não está pensando direito, Sra. Fisher. Sugiro que escreva.

Se alguém ler isto quando eu tiver passado para o grande e cruel além, vou ficar póstuma e comicamente envergonhada. Vou passar toda a minha vida pós-morte ruborizando.

Tenho medo. Medo de que eu vá deixar o Harrison me machucar. Isso muda o simples e velho término para abandono de novo. Não é uma característica cruel. Magoar pode ser familiar, mas certamente não é divertido. É um pouco patético se dispor a ser humilhada, ou pisada, ou o que quer que seja, e depois, no último minuto, decidir que não era isso que tinha em mente — talvez você pudesse me mostrar algo com um toque de seda.

a nenhum de nós foi de fato dada a oportunidade de explorar a possibilidade de que, devido a nossa situação, não podemos escolher se vamos nos ver. Fomos aproximados pelo destino e aproveitamos ao máximo um ao outro — e, na falta de um motivo — por conveniência. Ainda procuraríamos a companhia um do outro na "VIDA REAL", quando reconquistássemos nossa perspectiva suspensa temporariamente? Acho que não saberíamos responder honestamente a esta altura. Podíamos ser facilmente enganados pela absoluta conveniência um do outro e aparente ausência de opções. Nessa altura, seu principal objetivo seria encontrar alguém — qualquer um —, contanto que estivesse próximo, desejoso e deste lado da cova. (Não é difícil viver à altura dessas qualificações.) Algo conveniente, imediato e o mais humano possível. Não estamos exatamente em condições de ser exigentes. O verdadeiro teste é estar numa situação que não é apenas conveniente — onde há um número substancial de alternativas mais do que provável possibilidade que é viver a um caso de solidão 24 horas.

Em todo o caso, como Márcia, a esposa de George, diz:

— Somos ouro no mesmo lugar...

(Referindo-se à teoria de que procuramos por pessoas que são de ouro nos lugares em que somos uma merda e uma merda nos lugares em que somos de ouro.)

— ... Então, em vez de recomeçar de onde você parou, recomeçamos e paramos praticamente no mesmo lugar.

(Aquele lugar entre o ensino médio e a *Ilha dos Birutas*.)

*N*ão quero fazer parte da minha vida. Ela pode continuar sem mim. Não a estou ajudando em nada. Não quero vê-la, não quero falar com ela, não a quero em nenhum lugar próximo a mim. É muito desgastante. Eu me recuso a fazer parte dela. Se você tem uma vida, mesmo que se acostume com ela tirando seu sono, acabando com sua diversão, exigindo sua total atenção, deve ser um alívio imenso quando ela finalmente dá um pulinho na cidade.

Não gosto de ter que manter os pratos giratórios girando em cima de todas as várias hastes de madeira ressequidas. De agora em diante, podem cair das hastes e se quebrar que não estou nem aí. Eu me censuro: "Aonde essa merda vai te levar?" A pavonear seus pensamentos e colocá-los no papel.

O lugar da mulher é no lar
Sentada ao lado do telefone
Do homem a praça
Da mulher a casa

Cá estou outra vez
Cometendo o mesmo erro
Em vez de aprender minha lição
Quebrar um novo recorde é a minha decisão.

O que é um enigma?
Eu falar tanto
E não entender coisa alguma

Ela: Um de nós é chato

Ele: Por que diz isso?

Ela: Porque... bem, só estamos sentados aqui, sem falar.

Ele: O que tem de errado nisso?

Ela: Bem, não sei. Provavelmente nada. É só que não precisamos um do outro para isso.

Ele: Para quê?

Ela: Para ficarmos quietos.

A dona aranha subiu até a torneira
Veio de mansinho até o meu cantinho
Agora não consigo botá-la pra fora
Comeu todo o meu mingau, sentou-se na minha
cadeira
Dormiu na minha cama, e eu me apaixonei ao
lavar a cabeleira
Ei, todos os cavalos do rei!
Se são rabos de cavalo ou homens
Poderiam, por favor, remendar meu coração
E fazê-lo um de novo?
*****

O amor fez de mim o que sou hoje
Mas dizer o que isso significa eu não sei
Uma coisa é certa
Estou bem só
Pois não há quem seja tão quieto
Quanto aqueles que não telefonam
E não há ninguém que passe longe de se importar
Quanto aquele que não se importa
Já me apaixonei por esse homem ao fazer coisa
banal
Ele se sentou na minha cadeira e dormiu na
minha cama
Comeu todo o meu mingau e se entranhou em
minha mente, afinal

Talvez nem todo homem seja uma ilha
Mas alguns podem muito bem ser
O tipo cujos morcegos
Sempre adentram seu campanário

*N*o que estou me metendo e de onde não quero sair?

Não consigo lembrar o começo, não imagino um fim. Do que tenho medo, do que preciso,

O que encontro diferente de tudo que já imaginei ou antecipei, o que não posso ficar sem, e que não sei o que fazer com um clichê?

E se eu dissesse que te amo? E aí? Para justificar algum desejo delinquente com confissões de alguma emoção? Você saberia o seu lugar — bem aos meus pés. Não precisa ser nada. Mas é a possibilidade que nos deixa delirantes com tolas discussões.

*I*sso é relativamente novo. Otimista incurável que sou, estou bravamente inclinada a pensar que é temporário. A pergunta de cem dólares: "O que significamos um para o outro?" Temo que as respostas não se sustentem. E toda essa conversa indireta sobre o problema. Mas o que é isso? "Vamos definir nossa relação", seu infeliz. Passo toda a minha épica existência vacilando entre os extremos e acho que isso pode estar mudando, mas não. Que porra aconteceu com o entre? Meio caminho entre passividade e pânico. Pareço me envolver em situações que só admitem tensão. Começo a pensar que "Relaxar é um boato, um boato perverso iniciado por um sádico..."

*P*odemos terminar tudo agora, se você achar que isso ajuda. Porque, como qualquer outra heroína de filme B, não posso continuar assim. Dá para entender? Não quero mais te machucar tanto quanto não quero que você me machuque. Agora é questão de sobreviver à companhia um do outro em vez de simplesmente aproveitá-la.

Tento, incansável, fazer você me amar, Mas eu não quero o amor – prefiro bem mais por ele caçar O desafio. Estou sempre a me frustrar Com alguém que me ama – quão perfeito ele pode ser Se não consegue me decifrar?

Só posso chegar perto o bastante
Até começar a sufocar
Tenho que voltar à superfície.
Para respirar
Recupero o fôlego
Sou tagarela
Ou irreverente
Bruscamente promovo distância.
Enquanto pareço nunca deixar
De compensar
Pela minha falta de honestidade
Pondero com distorcida verdade
Sobre minhas inadequações e obsessões —
Se uma personalidade pode ser promíscua
A minha seria bem livre
Por mais que eu tente
Não posso lhe dar mais
Do que vou dar para o próximo da fila
Ou para o último
Monto o cenário ao estabelecer as marcações
Você é a plateia
Eu, o elenco
Tento ser um tanto exclusiva
Mas, por algum motivo, nunca sou bem-sucedida
Vamos manter contato
Mas o bastante

É muito
Vou precisar de um novo desinteresse para me
   saciar

Claro que estou agindo como uma perdedora
Uma jogada que te convido a percorrer
Se eu pelo menos conseguisse amar alguém
Mas escolhi amar
Qualquer um
Em seu lugar.

Ei, cara cheio de controle
Solte sua fumaça de cigarro no meu olho preferido
Envolva-me furtivamente em seus braços
Até finalmente me achar.
Tudo debaixo de um céu enluarado.
Ah, meu Deus
Tudo debaixo de um céu enluarado
Nós nos movemos de um lado para o outro
Num gramado orvalhado
Minha cabeça recai sobre seu ombro
Ele abafa um profundo bocejo.
A festa está acabando rápido
Deixando os dançarinos com a noite
Alguém liga a água
Alguém liga a luz

Meia mulher e meio banco de bar
O aposento gira com rodadas de drinques
Ela se debruça sobre sua taça de vinho
Devolvendo todo o tempo que lhe deram para
  pensar

— *P*ara quem estou fazendo isso? — perguntei a ele.

Era uma questão relativamente retórica, e a única resposta necessária era um dar de ombros, que ele providenciou. Sentei no chão, concentrada no espaço vazio em minha frente. Ele estava deitado todo esticado no sofá, com sua figura forte e confiante. Talvez nenhum homem seja uma ilha, mas alguns com certeza parecem uma. Totalmente seguros e secos e surgindo no seu horizonte. Mas a maré estava contra mim, a quem estava enganando? A ilha dele já tinha habitantes, e ali estava eu, uma adolescente invasora. Tudo que tive que fazer foi aproveitar ao máximo estar à deriva.

Ele bocejou. Olhei para ele com uma pequena parcela de expectativa. Ele olhou na minha direção, e tive que desviar o olhar. Não queria que visse que eu "pertencia a ele" — já era terrível o bastante eu saber. Não queria que ele soubesse também. Já mantive esse segredo por quase dois meses, dizendo que era desde "físico" a um grande erro. Não que não fosse essas coisas. Era. Mas, quando me "entreguei a ele", me entreguei por um tempo, não só por um instante agradável.

Seja qual foi o tipo dado, esse tempo estava acabando. Ele ia embora no domingo. Então, lá estávamos nós, terça-feira à noite, sentados no grande abacaxi no qual ele me deixaria. Nada pessoal, claro. Terminou de filmar e teve que ir para casa, para sua esposa e seus filhos. Sim, aí está o problema. É quando o sapato pré-estilhaçado, pós-baile da Cinderela, está programado para cair.

Amar com ele era mais fácil fazer do que falar
Em vez de levar seu coração, ele te levava
Para cama
E você ganha o que ele tiver para te oferecer na
    horizontal
Você está se envolvendo demais enquanto ele
    ainda
Está se decidindo

É tudo uma questão de bater e correr
Porque ele é um por todos e todos por aparecer
Mas depois que tudo foi dito e quase feito
Eu jogava para vencer
E ele jogava para se entreter

às vezes, ligo para as pessoas na esperança de que não apenas comprovem o fato de eu estar viva como também, mesmo que indiretamente, me convençam de que estar viva é um estado apropriado para mim. Porque, às vezes, não acho que seja lá uma grande ideia. Vale a pena a dificuldade que é tentar viver a vida de forma que algum dia você consiga dela algo digno, em vez de quase sempre ela tirar a sua dignidade?

*G*ostaria de poder fugir para algum lugar, mas o único Problema disso é que eu teria que ir também.

Quarenta anos depois

Retratei Harrison como ele era comigo há quarenta anos. Pude conhecê-lo um pouco melhor ao longo do tempo, e percebê-lo um pouco diferente. Ele é um homem extremamente inteligente e alguém que parece mais confortável com os outros do que é, ou sempre foi, comigo. Talvez eu o deixasse nervoso. Talvez eu falasse demais e por isso ele nunca conseguia me acompanhar. Talvez fosse simplesmente o modo como nos relacionávamos. Talvez eu o exasperasse. É provável que fosse um pouco de cada coisa. Mas o motivo principal de não conversarmos muito, talvez, apenas talvez, fosse porque falar sobre o nosso relacionamento era um assunto proibido. E isso era como uma manada de elefantes na sala. E nós nos sentávamos entre eles e os ignorávamos juntos. Essa era nossa principal atividade, a principal coisa que compartilhávamos além das cenas de *Star Wars* e o dolorosamente óbvio não discutido.

Minha relação com Harrison foi um longo caso de uma noite. Fiquei aliviada quando terminou. Não aprovei meu comportamento.

Se Harrison era incapaz de perceber que eu tinha sentimentos por ele (pelo menos cinco, mas às vezes até sete), então não era tão esperto quanto se achava — como eu sabia que ele era. Então, eu o amei, e ele permitiu. Isso é o mais próximo de um acerto de contas a que consigo chegar depois de quatro décadas.

Ainda me sinto estranha na presença dele, ainda me esforço para saber o que dizer. Sempre imagino que ele esteja pensando que eu tenho algo de estúpido, que pode ou não ser verdade.

Qualquer que fosse o estado do casamento dele, que acabou logo depois devido a razões que nada tinham a ver comigo, não acho que Harrison fosse ou seja um "mulherengo". Acho que ele estava solitário na Inglaterra. Estávamos todos solitários no primórdio otimista do rumo de nossas carreiras. Acho. Pelo menos eu estava, e estou fazendo uma educada suposição sobre os outros. Nenhum de nós tinha estrelado um filme antes, e Harrison era o único que tinha certa idade para exibir alguma perspectiva. Estávamos na Ilha da Locação, e a Locação é a terra da permissividade. Onde você pode se comportar de maneiras que nunca se comportaria no mundo real.

Lá estava Harrison e lá estava eu. Ambos longe de casa há três meses. Em locação, onde você é livre para fazer aquilo que ninguém faria perto de toda sua amável família e de todos os seus amigos atenciosos. Onde tudo e todos à sua volta eram interessantes, onde tudo e todos eram novidade. Onde você tem todo tipo de pessoas novas focadas em você e em como você está se sentindo. Mas não do jeito recorrente, quase claustrofóbico. Essas pessoas não queriam nada de você, a não ser que você memorizasse as falas, colocasse as roupas e que o cabelo e a maquiagem estivessem prontos e perfeitos — principalmente o cabelo. O meu, pelo menos, que tinha uma tendência a se desprender dos grampos e escapar dos lugares em que precisava ficar. Embora você estivesse correndo de um lado para o outro e atirando, seu cabelo simplesmente não podia ficar bagunçado. Era preciso manter um visual limpo e arrumado quando envolvida na atividade aeróbica de salvar a galáxia.

Para a maioria de nós, o lar é um ambiente que desencoraja qualquer tipo de farra extraconjugal. Não que qualquer um de nós estivesse necessariamente inclinado a agir por impulsos adúlteros. Olho para trás e vejo como todos nós fazíamos brincadeiras mais físicas uns com os outros, aproveitando o conforto familiar que se desenvolveu entre nós. Nós sendo Mark e eu, embora meu foco no que aconteceu entre Mark e eu tenha diminuído quando as coisas começaram a acontecer com o Sr. Ford. Alguns dias, eu me afastava constrangida com a proximidade dele; outros dias, eu me divertia saltitando pelos corredores iluminados, encostando em seu braço, pendendo minha cabeça cheia de coques, ou roçando a testa cheia de maquiagem em sua jaqueta de contrabandista, inclinando-me para olhar alguma fala supostamente esquecida, caindo em cima dele, meu pequeno ser no grande ser dele num acesso de risadas reprimidas entre as cenas. Como é aquele ditado que mencionei antes? E que continuarei dizendo até que as coisas possam finalmente ser não-ditas? "Locação, locação, locação."

Beijar-me no carro foi a última vez que Harrison pôde atuar sob a relaxante hipótese de que eu era como qualquer outra simples aspirante a atriz, sexualmente experiente. Alguém acostumada a pular bêbada no banco traseiro de carros e, depois, se jogar em camas. Um encontro breve e incrivelmente casual com a dita aspirante a atriz, procurando acrescentar à sua lista — atualmente muita curta, mas, como a de muitos outros seres humanos, progressivamente mais longa com o decorrer dos anos — de experiências empolgantes sem roupa com homens atraentes.

Para mim? Um caso rápido e excitante do qual, em algum momento, eu me afastaria calmamente, cheia de sorrisos e sofisticação. Prevendo a cara dos meus amigos quando, confiante e indiferente, lhes contasse do agradável encontro que tive nesse filminho *sci-fi* descolado que fiz na Inglaterra. Riria ironicamente enquanto revelava aos meus amigos fascinados e impressionados sobre esse homem por quem estive atraída — e como não estaria? Ele era tão lindo. Eu não tinha idade suficiente para votar, mas podia facilmente me alistar nas forças armadas, e me alistei na força dos braços dele. Mas nós dois sabíamos, desde o início, que esse não seria um caso amoroso, apenas dois seres humanos adultos que não tinham se apaixonado um pelo outro, mas que se apreciavam. Ambos éramos adultos, por que não deveríamos nos divertir juntos!? Nunca pensei em ficar magoada por ele não ter se apaixonado por mim. Foi melhor assim! Sentimentos amigáveis e sexo incrível! Que mudança agradável comparada ao relacionamento que tive com Simon, na escola de teatro, tão sentimental, tão inocente, tão novo. E agora, sem bagunça, sem drama. Lá estávamos, ele e eu, sem nenhuma dessas merdas de "casalzinho", certo? E agora eu tinha 1,70 metros, olhos verdes, era magra, flexível e sempre livre da autopiedade. Sim. Claro.

Mas não tem como não se sentir mal por Harrison (bem, você não *tem* que se sentir assim, mas tente, por mim, se puder).

Qual é o motivo de eu ainda me sentir meio mal por Harrison? Não mal de sentir qualquer tipo de dor emocional de fato, dá um tempo! Não, só o tipo de mal que você pode sentir quando te contam uma história meio longa sobre como estavam falando sobre o presente surpresa que compraram para alguém e aí, esse alguém ouviu a conversa sem querer e estragou a surpresa.

— Ah, não! Que terrível! O que vocês fizeram?

Um tipo terrível de surpresa destruída, ao contrário de:

— Aquele cara, J.D., ainda está morando com você? Hum, porque estava na farmácia agora a pouco e o vi pegando um remédio e dizendo ao farmacêutico que era para lepra.

Quer dizer, tem aquele mal tipo poxa vida e tem o tipo que é "Puta que pariu, meu Deus! Não mesmo! Você tá brincando, né?". Mal "despreocupadamente simpático" e mal "fim do mundo". Aí, viu? E tudo o que estava tentando dizer era que me sinto um pouco mal por Harrison à essa altura da minha vida (e ele odiaria isso, então retiro o que disse).

Mas quando estava acontecendo, não me senti mal por ele; só me senti mal, e mais do que um pouco, por mim mesma. O tempo muda sua compaixão e te permite transformar algo que uma vez foi, décadas atrás, uma história comum de dor e mágoa intensificada por uma autopiedade vergonhosa, no que agora é apenas uma história humilhante que você pode compartilhar com os outros. Porque, após quase quatro décadas, está tudo no passado, e quem se importa com essa merda?

Como eu já disse, algumas vezes já, talvez no caminho entre os estúdios Elstree e Londres, entre Borehamwood e Londres, entre a festa surpresa e a coisa que a sucedeu,

Harrison e eu passamos bastante tempo nos beijando. Depois, Harrison me informou quão mal eu realmente beijava na época. O comentário deve ter doído um pouco, mesmo 6.000 anos após o ocorrido. Mas eu penso nisso agora. Queria poder voltar para Harrison, talvez enquanto se recuperava de um acidente de avião ou de ser esmagado por um objeto voador num set de filmagem. Ele estaria deitado na cama, uma perna elevada (ou as duas), o cenho suavizado por uma calma forçada.

— Por que você achava que eu beijava tão mal? — eu perguntaria, casualmente, demonstrando quão pouco tudo aquilo significara para mim, não apenas na época, mas principalmente agora.

Ele olharia pela janela, mordendo silenciosamente a parte interna da bochecha.

— Talvez — sugeriria eu — tenha sido porque eu estava tão chocada por estar recebendo um beijo fora de cena de uma pessoa que tinha me beijado em cenas de um filme ou dois, que minha boca meio que tenha ficado aberta de espanto.

— Ah, cala a matraca! — rosnaria ele, sem olhar para mim.

Ele sempre me manda calar a boca em nossas interações imaginárias, provavelmente porque sempre parecia querer que eu perdesse meu "sotaque inglês".

Em partes, acho que estou contando essa história agora porque quero que todos vocês — e minha intenção é que realmente todos — saibam que nem sempre fui uma mulher um tanto acima do peso, sem controle de si, que de vez em quando pode ser encontrada fingindo que está dormindo e sempre pensando com a boca. Num momento, fui uma merda importante, que mal sabia que existia, enquanto grande parte do mundo de pessoas que iam ao cinema me via gracejar pelos ares vestindo um biquíni de metal, estar acordada quando fosse preciso para matar lesmas espaciais, ser quem eu precisava ser, mesmo com transtornos afetivos e coisas do tipo.

Agora, posso compartilhar isso com os outros porque esses eventos já estão na história. Foi há tanto tempo que acaba sendo um verdadeiro exercício para minha memória. Esse episódio só é potencialmente interessante porque seus atores ficaram famosos pelos papeis que estavam interpretando quando se conheceram.

Harrison é um cara decente, apesar de complicado e constantemente silencioso. Sempre foi decente comigo, e, até onde sei, as únicas vezes em que traiu qualquer uma das três esposas foi comigo. E talvez ele tenha achado que não devia valer de verdade, porque eu sou muito baixinha.

Então, apesar de ainda haver tempo para Carrison envelhecerem juntos, essa porta está continuamente se fechando. Se formos voltar a ficar juntos, vamos ter que fazer isso logo. E voltar a ficar junto com alguém com quem você nunca esteve junto de verdade é, no mínimo, complicado. Mas o esforço vale totalmente a pena. Ou não. Eu provavelmente vou me arrepender de escrever isso, mas se você tiver o impulso de gritar comigo, por favor, não grite. Eu sinto culpa suficiente por conta própria.

Realmente, minhas esperanças são tão grandes quanto eu.

Éramos seres brilhantes

No início, quando *Star Wars* se tornou um verdadeiro fenômeno, nenhum de nós sabia como era ser famoso. Nós precisávamos de um manual com sugestões sobre como atravessar esse estado transitório sem problemas. Sim, eu sei que deveria ter conseguido lembrar do que era esperado de mim por ter observado minha mãe e meu pai esquivo. O que eu teria feito se tivesse previsto que teria uma vida como a deles — que era, na verdade, natural, mas lembre-se de que eu nunca me meteria em um trabalho tão instável.

Tudo aconteceu rápido demais. Instantaneamente, havia vários e-mails de fãs, e nós mesmos os líamos.

Eu já sabia o que era ser uma celebridade devido ao frenesi dos tabloides em relação aos meus pais. Então, não estava pisando exatamente em terreno desconhecido. Mas observar a fama deles diminuir ao longo de suas vidas me ensinou o limite de tudo isso. Você podia agarrar esse animal selvagem pelo rabo, mas tinha que saber — ou pelo menos eu sabia — que em algum momento ele se livraria do seu domínio desesperado.

Além disso, a fama de *Star Wars* significava que a Princesa Leia era famosa, e não Carrie Fisher. Eu só me pareço com ela por acaso — tirando aquele cabelo horrível, e considerando meu cabelo obviamente menos horrível. A fama é mais divertida quando é pessoal, e não quando alguém só comenta que é uma loucura você se parecer tanto com aquela personagem de *Star Wars*. Ainda é divertida, porém, não me leve a mal. Ou leve. Eu não posso fazer nada quanto a isso.

Eu teria aquilo a que sempre me referi como fama associativa. Um subproduto da fama. Uma fama que é como a salada de um prato principal com mais sustância. Fama de filha de celebridade (e depois, quando me casei com Paul Simon, fama de esposa de celebridade). E agora, com *Star Wars*, eu tive aquela fama de "interpretei uma personagem icônica por acaso". Ainda assim, ser um famoso novato, fosse lá qual fosse o motivo da fama, era uma atividade muito trabalhosa. A principal atividade em questão era mostrar às pessoas quão mais divertida e agradável eu era do que a princesa intergaláctica que representava.

Acho que os meninos podem ter se sentido atraídos pelo eu acessível. Mesmo não tendo algumas qualidades de princesa, eu não era convencionalmente bonita e sexy, por isso era menos provável que os desprezasse ou me achasse boa demais para eles. Eu não os humilharia. Mesmo que os provocasse num contexto de correr por aí com armas a laser, desviando das balas, eu não faria nada no sentido de machucá-los.

O que está acontecendo? Como chegamos até aqui? Onde é aqui? Quanto tempo vai durar? O que é? Eu mereço isso? O que isso faz de mim? O que você veste para um evento como esse? O que você acha que devo dizer? E se eu não souber a resposta? Estar perto da minha mãe quando ela era reconhecida não foi uma preparação eficaz para nada disso.

Foi absurdamente intenso, e, claro, nenhum de nós fazia a menor ideia de que tudo aquilo aconteceria um dia. Organizaram uma viagem, uma *press junket*, que era o que se fazia, especialmente para um filme como esse, cujo elenco era virtualmente desconhecido. Você teria que ser um vidente de um tipo bem raro em Hollywood para adivinhar que algo desse tipo o impulsionaria, transformando-o em um nome conhecido pelas pessoas. Depois, o filme foi lançado, e todos foram à loucura. De repente, aquele filminho não precisava de divulgação. Porém, como ninguém podia ter previsto isso, acabamos fazendo tudo mesmo, o que se tornou a definição do exagero. Seja qual for o motivo, acabou que, aonde quer que fôssemos, as pessoas estavam nos esperando, e todas pareciam muito felizes em nos ver ali, derrotando uma força morta, vendendo o que já fora vendido.

Nós tínhamos feito aquele filme de baixo orçamento. Para economizar, tinham até nos feito viajar de classe econômica para a locação em Londres, e nós recebíamos uma diária que não chegava nem perto de ser luxuosa. Nós tínhamos feito um filminho marginal, dirigido por um barbudo que faz tudo, mas é mudo, vindo de Modesto. Algo assim não faria as pessoas quererem brincar com uma boneca sua, faria?

Era *um filme*. Eu não deveria ter feito o que fiz — nada deveria ter feito *aquilo*. Nada jamais fizera. Filmes foram feitos para ficar na tela, plana, larga e colorida, reunindo-nos às suas histórias arrebatadoras, conduzindo-nos alegremente até o seu fim, e então nos liberando de volta às nossas vidas. Mas aquele filme se comportou mal. Escoou dos cinemas, vazou da tela, afetou as pessoas tão profundamente que elas precisaram de infinitos talismãs e artefatos.

Se eu soubesse que seria esse estouro, teria me vestido melhor para aqueles programas de entrevista e teria definitivamente rejeitado aquele cabelo maluco (apesar de o cabelo ter representado, à sua maneira discreta, boa parte desse sucesso). E certamente eu não teria assinado tão despreocupadamente todo e qualquer direito de propaganda relacionado à minha imagem e outros.

Acima de todas as outras coisas, Mark, Harrison e eu fomos as únicas pessoas a ter essa experiência. Então, com quem você falaria que poderia te entender? Não que isso seja algum tipo de tragédia; só te coloca numa área subpovoada e sem empatia. Digo, obviamente eu nunca estrelaria um filme, mas isso era completamente diferente de estrelar seu filme comum de todo dia. Era como ser um dos Beatles. Claro, tudo foi uma divertida surpresa, mas os dias em que realmente podíamos baixar a guarda tinham acabado, porque agora havia câmeras por todo lado. Tive que me comportar com algo próximo de dignidade, aos *20* anos.

De qualquer forma, assim que começamos a receber e-mails de fãs *40 anos atrás*, foi complicado saber o que fazer. Você responde todas as cartas ou ignora alguns dos fãs menos entusiasmados? Então, nos primeiros meses todos nós, ou seja, Harrison, Mark e eu — que não havíamos recebido o boletim informativo sobre o que fazer quando se é um famoso novato —, respondíamos a todas as cartas. Eu sei disso porque todos recebemos a carta da mãe de uma menininha que estava ficando cega e que tinha ido ver *Star Wars* com o que ainda lhe restava da visão, e se poderíamos enviar uma foto nossa autografada para a filha dela, antes que ficasse totalmente cega. Então, nós três prontamente nos apressamos e mandamos a carta antes que ela perdesse a visão e, de alguma forma, acabamos descobrindo que a pequena Lisa era uma mulher de 63 anos com a visão perfeita, o que nos proporcionou muitas risadas nos frívolos dias da nossa fama inicial.

Nenhum de nós havia participado de programas de entrevista antes, então fomos forçados a desenvolver não apenas nossas pessoas públicas, mas também nossos estilos de entrevistas à medida que pulávamos de uma para outra, promovendo o filme que não precisava ser promovido. Uma experiência sem promoção, como devíamos ter informado aos apresentadores antes de nos enfileirarmos como patinhos de lata num parque de diversões, prontos para ser alvejados. E alvejados nós fomos, por câmeras de tv.

Percebi de cara que Harrison tendia a citar filósofos quando descrevia o que achava do filme.

"Como Winston Churchill dizia, 'Sucesso não é o final e o fracasso não é fatal: é a coragem para continuar que conta.'" Ele também pode ter dito: "Espera aí. Eu só sei o que é o sucesso há algumas semanas." Ele pode ter dito essas coisas, mas estou certa de que não disse. E qualquer coisa que ele dizia me deixava envergonhada. Por que eu não estava citando filósofos? Porque abandonei o ensino médio logo na metade do primeiro ano. Bem, quando você analisa com frieza (o que não é mesmo que a ser pé no chão, ou terráqueo), ter abandonado a escola é uma boa razão para sintonizar e acionar, mas não é desculpa para não citar filósofos em programas de entrevista diurnos. (Mike Douglas *ama* filósofos!) As pessoas dos programas de namoro erravam as citações das grandes mentes de todos os tempos, o tempo todo. Harrison poderia ter dito: "Não vale a pena acreditar na vida acidental", e ainda assim ter sido escolhido como solteirão número três!

Depois de ouvir Harrison muito filosófico em alguns programas, decidi agir. Harrison havia se formado em filosofia na faculdade; o que eu poderia fazer para permanecer destemida? A resposta veio a mim: eu iria pedir orientação a um professor universitário de filosofia! E não de qualquer faculdade. Liguei para a universidade Sarah Lawrence, no subúrbio de Nova York, e perguntei se havia um professor com quem eu pudesse conversar. Eles pareceram hesitar, até que mencionei *Star Wars* e insinuei que em breve dividiria a tela como uma grande mente intergaláctica conhecida como Yoda (que obviamente recitou: "Faça ou não faça, tentativa não há"). Até onde era possível fazer algo, isso pareceu ajudar.

Não que os superiores da Sarah Lawrence fossem mais suscetíveis a *Star Wars* do que qualquer ser humano, fosse ele medíocre ou acima da média. O que significa dizer que eles foram mais flexíveis quanto à possibilidade de oferecer um professor para a insegura eu. Após alguns tutoriais de filosofia, creio ter encontrado um ou dois programas de entrevista para empregar meus novos pensamentos de nível universitário, mas logo decidi que ter dois atores bombardeando pérolas filosóficas sobre o filme a ser lançado era um pouco demais — coisa de macaco de imitação que vê e, como princesa macaco, quer fazer.

Então, após um curto período, desisti de parecer inteligente, graças a Deus. Isso fazia parecer um plano que deu errado quando eu parecia algo diferente de enérgica e abordava pedestres (sem uma calçada). Ninguém podia me acusar de não fazer um trabalho no mínimo estelar no programa de Johnny Carson, sem que eu insistisse que você se esquecera de eu ter contado que tudo tinha sido intencional, desde o início.

Fizemos tantos programas do tipo que no fim acabamos sendo muito expostos. Há tragédias piores, mas eu não podia ter adivinhado quais seriam, na época. Mas fomos avançando, celebridades recém-fabricadas agraciando os programas de TV por todo o país. Não percebemos de início o enorme sucesso do filme, já que estávamos viajando para todas as capitais de todos os estados para promovê-lo — que é o que se faz quando um filme é de uma grandeza desconhecida. Era como estar fugindo e sentido como se eu estivesse tentando acompanhar algo ou me afastar do perigo em meu encalço. Mas os corpos em movimento permanecem em movimento — então assim estávamos: em movimento e na estrada. Para relaxar em nossas rotinas desconfortáveis e vertiginosas, às vezes, íamos a parques de diversão.

Lembro de um dia específico em Seattle, quando Harrison (bem, todos nós, na verdade) entrou em uma roda-gigante que tinha jaulas em vez de assentos, e elas tendiam a girar à medida que a roda girava. Como você pode ver, é difícil descrever. Mas a questão é que Mark e eu entramos no brinquedo primeiro, então saímos primeiro e ficamos olhando enquanto Harrison — que, como todos nós, ainda estava vestindo a roupa que tinha usado na TV (ele insistia em usar terno e gravata que, convenhamos, não é o melhor estilo para visitar a Disney) — subia no brinquedo.

Mark e eu estávamos rindo em terra firme, enquanto Harrison ficava pendurado de cabeça para baixo, a expressão impassível, vestido como um morcego, com uma gravata emoldurando seu rosto carrancudo vez ou outra! De certa forma, todo esse rodopio nos fez parecer e sentir como aquilo que nossas vidas deveriam se parecer e sentir. Eu não sei, você tinha que estar lá. "Lá" eram todos os lugares de uma só vez — como os vendedores charlatões de remédios que servem para tudo.

— Venham, venham, venham. Não se acanhem, vejam esta novidade, este produto único, que chamo de: *Star Wars*! Uma história de alvoroço intergaláctico, com batalhas, continuações, heróis, bandidos e princesas. Todos percorrem o espaço, vivendo o melhor de seus dias. E agora você pode viver o melhor de seus dias! Pela baixíssima quantia de dez pratas, você viverá a melhor ida ao cinema da sua vida. Dou-lhe uma, dou-lhe duas, vendido! Venham, venham, venham, decidam agora, pois esse negócio só vai ser oferecido...

E assim, sem parar, fomos de estado em estado, capital em capital, público em público, vendendo nosso peixe e sempre sem saber em que porra de lugar estávamos.

Para mim, a pior parte daquela época "mais que ótima" era quando me fotografavam. *Odeio* que tirem fotos de mim. Talvez porque já tivesse acontecido antes de eu ser grande o bastante para articular minha oposição em palavras, e eu tenha sido forçada a protestar com expressões infantis e olhares fuzilantes. Eu odiava na época — quando não devia ter sido uma dificuldade tão grande, já que eu era jovem e fofa (até mesmo *muito* fofa, dependendo da pessoa com quem estava falando) — e abomino agora. Ainda mais na era do smartphone, quando qualquer um, a qualquer momento, pode tirar uma foto casual, em algum lugar onde você esteja distante de uma pose para foto (quer dizer, a maior parte do tempo), e você sabe que não é só uma foto ruim, mas uma lembrança desdenhosa de quão velha estou ficando e de quão gorda estou. Não apenas a lembrança do que você foi um dia, mas também daquilo que você já foi e nunca mais vai ser. E, como se não fosse suficiente, um estranho é o *dono* dessa imagem terrível e é livre para fazer o que quiser com ela, na vida particular e com os amigos.

O filme havia sido lançado havia algumas semanas, e as filas davam voltas no quarteirão. (O termo "blockbuster", na verdade, surgiu por causa das filas de bilheteria que acabavam no meio-fio, eram interrompidas por aquele intervalo que chamamos de asfalto e recomeçavam animadas no outro bloco. Eu via isso quando passava de carro com meus amigos e não conseguia acreditar. Imaginava como é que algo tão popular podia ter a minha participação.)

Um dia, dirigíamos pela Wilshire Boulevard, em Westwood, onde o Cinema Avco tinha o que me pareceu a fila mais longa que eu já vira até o momento. Como você pode imaginar, eu estava muito animada — os britânicos diriam que eu estava satisfeita comigo mesma. Eu amo a maneira como eles se expressam para dizer que você está "tão tonta de alegria que tenta disfarçar, porque prefere que pensem que você é descolada". Então, fiquei em pé no banco do carro, passei não apenas a cabeça, mas espremi metade do corpo pelo teto solar.

— Ei! *Eu* tô nesse filme! *Eu sou a princesa!* — gritei.

O que certamente gerou algum interesse, que ia desde de o desdenhoso "Que idiota!" e suas muitas variáveis até o ofegante "Será que é ela mesmo?".

— Eu estou nesse filme! — repeti para aqueles que não me ouviram da primeira vez. Então, subitamente me dei conta do que fizera e rapidamente, temendo que alguns daqueles cinéfilos me reconhecessem, escorreguei de volta para o banco do carro e disse à minha amiga:

— Rápido! Dirige!

Aí, ela pisou fundo no acelerador e foi embora.

A pergunta que as pessoas nunca conseguem parar de me fazer é:

— Você sabia que *Star Wars* seria esse sucesso tão grande?

Bem, considerando que de fato nunca nenhum filme fizera esse sucesso tão grande, quem poderia de alguma forma ter previsto que aquele faria?

Agora comecei a responder a essa pergunta de um jeito diferente. Comecei a dizer:

— Bem, na verdade, eu achei que seria um fenômeno ainda maior. Então, quando isso não aconteceu, quando *Star Wars* e suas continuações não conseguiram alcançar a minha impressionante e quase inacreditável expectativa... bem, eu só quero que você imagine quão devastada, quão *decepcionada* me senti e ainda me sinto.

Imagine como me senti quando todos os meus sonhos e as minhas fantasias não se tornaram verdade. O que você teria feito? Correria para as drogas? Perderia a cabeça? Talvez até as duas coisas?

A dança sensual de Leia

— Pode assinar no nome de Jerry? Ele não pôde vir hoje. Está fazendo quimioterapia. Mas ele é o seu maior fã desde que batia na altura dos nossos joelhos. Nós mostramos os filmes para ele quando tinha 3 anos. JERRY. Com J, sim, isso aí. E você pode escrever "Que a Força esteja com você"? Não faz ideia do que isso *significaria* para ele. Quando eu disse a ele que você estaria aqui, ele *chorou*... Muito obrigada *mesmo*! Ele simplesmente idolatra *Star Wars*.

"Simplesmente não posso acreditar que é *você*. Se, na época em que assisti ao primeiro episódio de *Star Wars* pela primeira vez, alguém me dissesse: 'Um dia você vai conhecer a Princesa Leia pessoalmente, eu simplesmente não iria... Eu ia achar que ele estava gozando de mim, sabe? Na época... ah, sinto *muito*, uma mulher feita choramingando como um bebê. Você deve pensar que eu sou louca... Não, tudo bem. Cheguei a um ponto em que não me importo tanto com o que pensam de mim. Quer dizer, ainda dói, mas não tanto quanto me sinto inútil.

"E parte disso é por sua causa. A Princesa Leia foi uma enorme inspiração para mim. Eu pensava que, se pudesse crescer e ficar só um *pouco* parecida com você! Porque um pouco de você parecia ser muita coisa para mim. E aí, eu cresci, ou fiquei mais velha, tanto faz, e estava na fila do caixa expresso, lendo uma revista, enquanto esperava as pessoas passarem mais de vinte itens, quando não deveriam ter mais de doze. Então, enquanto espero, eu passeio pela revista e encontro uma foto sua. Eu podia não ter reconhecido que era você, mas tinha outra foto sua com aquela roupa de escrava na página ao lado.

"Aí, comecei a ler, e juro que cheguei a pensar que não tinha sido por acaso que eu achei aquela revista com a sua foto dentro. Não sei se você coloca muita... sabe, duvido que você acredite em Deus ou em qualquer coisa, porque eu sempre ouvi dizer que as celebridades são... Você acredita?... Ah, então, seja lá o nome que queira dar a Ele ou a Isso ou...

"Olha eu, estou aqui sem fechar a matraca, quando você tem tantas outras pessoas esperando. Vou calar a boca e deixar que você chegue até eles, mas, antes disso, posso pedir um último favor? Uma foto? Quer dizer, quantas vezes alguém se encontra ao lado de... Desculpe, já voltei a tagarelar. Estou tão *animada* e tão *nervosa* por te conhecer. Espere até eu contar para o Ira do banco de sangue. Ele disse que eu provavelmente nunca...

"Minha câmera? Está na minha bolsa. Eu *acho*, *ESPERO*! Isso não seria... como minha mãe costumava dizer, isso não seria um desastre? Eu queria que ela ainda estivesse viva. Ela morreu assim que o primeiro *Star Wars* foi lançado. Lembro que, no funeral, meus primos conversavam sobre esse filme, que parecia coisa de doido e que tinha acabado de estrear naquela quarta-feira. Incrível, não é?

"No início, foi absolutamente *muito* difícil para mim, e, se não fosse por *Star Wars*, juro que não sei se teria conseguido. Foi como se Deus tivesse levado minha mãe para perto d'Ele e Ele tivesse me guiado até *Star Wars*. Ele me deu você, Luke e Han, e de certa forma isso foi o suficiente. Não digo 'suficiente' como se ter *Star Wars* na minha vida fosse como ter minha mãe de volta, fazendo seus bordados malucos ou... ou... Isso a faz parecer com aquele tipo de mãe que só faz comida congelada, e isso é uma coisa que ela com toda certeza da porra, perdoe meu francês, não fazia. Ela era um monte de coisas, a minha mãe; o meu irmão pode confirmar. Ele estaria aqui se não tivesse acabado de ser chamado para o Afeganistão. Eu e ele costumávamos seguir minha mãe, sem que ela soubesse, para garantir que ela estivesse, digamos, que ela não tinha se metido em encrenca ou algo do tipo. Desculpa, o quê? Ah, Ben. É o nome do meu irmão, Ben. Como Ben Kenobi, só que não, porque, como eu disse, ela morreu antes que pudesse ver vocês. Esse é um arrependimento que eu tenho. Não gosto de focar em ficar me arrependendo muito das coisas, mas realmente acredito que, se a minha mãe pudesse ter visto os filmes de vocês... Bem, não adianta chorar sobre as pessoas derramadas.

"Como está a sua mãe ultimamente? Fiquei triste em saber sobre o seu pai. Você e ele nunca... Foto? Ah, sim, *por favor*. Alguém poderia bater essa foto para a gente, para nós dois aparecermos? Se não as pessoas não vão acreditar em mim quando eu disser que... Ah, você faria isso? Você é um doce! É só apertar aqui depois de ter enquadrado tudo direitinho... Ok, agora, 1 segundo. Existe alguma chance de você botar o braço ao meu redor? Você pode dizer que não, eu só precisava perguntar... Você é um doce! Nunca, *nunca*, vou me esquecer desse dia, mesmo sem a foto... Ok, estamos enquadradas no centro? Tem certeza? Ok, continue espontânea por mais um tempinho... *Xiiiiis!*"

A palavra "autógrafo" veio para a nossa língua do grego: *autós*, "auto", e *gráphō*, "escrever": autoescrito. Seu uso popular se refere à assinatura de uma pessoa famosa. O hobby de colecionar autógrafos — a prática de colecionar essas recordações que com frequência são arrancadas das mãos das "celebridades" — *é conhecido como autografomania.*

Alguns dos mais procurados para dar assinaturas são, sem uma ordem específica, presidentes, heróis de guerra, ícones desportivos, atores, cantores, artistas, líderes religiosos e sociais, cientistas, astronautas, escritores e Kardashians.

Então. Um souvenir, que a celebridade é aliciada ou induzida a fornecer para alguém avidamente radiante, que se ilumina ao reconhecer um rosto que lhe é familiar. Um rosto tão familiar quanto os dos amigos e da família, mas essa familiaridade é completamente unilateral.

Cresci vendo minha mãe dar autógrafos, escrever seu nome em fotos sorridentes de si mesma, ou em pedaços de papel em branco que eram esperançosamente estendidos para ela pelos braços esticados dos estranhos que a amavam. Seus fãs. Um bom dicionário dirá que a palavra "fã" deriva, ao que parece, de "fanático", que significa "marcado por excessivo entusiasmo e, com frequência, intensa devoção incondicional".

Tudo o que Debbie Reynolds sabia sobre seus fãs era que eles realmente admiravam seu talento. Eles investiam nela pequeninos pedaços de suas almas. Quando meu pai a trocou por Elizabeth Taylor, deixando-a numa tristeza perturbadora sob os holofotes do mundo, e com duas criancinhas confusas, eles sofreram com ela.

Esse tipo de familiaridade gerava o oposto de desprezo, mas algo igualmente carregado. De certa forma, ela pertencia ao mundo, e, enquanto a maior parte dele estava satisfeita em apreciá-la de longe, os verdadeiros fãs pareciam querer reivindicar algum tipo de posse ao pedir cheios de timidez, ou suplicar vergonhosamente, ou exigir com agressividade, que ela lhes fornecesse o símbolo que tanto cobiçavam, uma prova para todos e para sempre, numa era pré-selfie, de que a haviam encontrado! Eis um detalhado esclarecimento vindo de um membro dos ungidos cinematográficos!

Eu ficava lealmente ao lado da minha mãe, observando enquanto esses simpatizantes, que iam à caça de recordações, tagarelavam e riam nervosamente em sua presença. De fora do seu deslumbrante palco, eu observava enquanto ela rabiscava sua adorável assinatura nas fotos, discos e revistas — muitas das capas bradavam a "notícia" do escândalo ao qual ela tinha acabado de ser exposta — que eram desesperadamente estendidos em sua direção.

— E qual é o seu nome? Ah, que nome adorável! Tão diferente! Escrevo com "y" ou com "i"? — dizia ela para um fã. — Tive uma tia chamada Betty. Eu a amava muito — dizia para outro. — Sim, mas só se você tirar a foto bem rápido. Como você pode ver, eu estou com a minha filha.

— Sua filha!? — exclamavam alguns devotos, estreitando rapidamente os olhos na minha direção. — É verdade! Você tem uma filha! Ah, minha nossa, eu não tinha me dado conta de que ela já estava tão *grande* e linda como a mãe!

Ao que eu franzia o cenho e desviava o olhar. Isso não era para acontecer. Eu estava lá como observadora, e não para ser observada. Uma testemunha dos mistérios do mundo. A arqueóloga, não a escavação. Eu ficava vermelha e escondia a cabeça no peito quando o foco mudava abruptamente para mim, pega desprevenida, no ato.

— Ela não é linda?

Não consigo me lembrar bem de quando comecei a me referir a dar autógrafos por dinheiro como uma dança sensual das celebridades, mas tenho certeza de que não demorei muito para inventar isso. É dança erótica sem a parte de enfiar dinheiro na calcinha e sem os malabarismos no pole — ou o pole seria representado pela caneta?

Certamente é uma forma mais elaborada de prostituição: a troca de uma assinatura por dinheiro, em lugar de uma dança ou uma esfregação. Em vez de tirar a roupa, as celebridades tiram a distância criada pelos filmes ou pelo palco. Ambos trafegam na área da intimidade.

Por muito anos eu pude, assim como muitas outras celebridades com mentes elevadas e carreiras ascendentes, arcar com a galante recusa de todo e qualquer tipo de oferta para aparições indignas, que, acompanhadas de engodos financeiros, só podem ser vividas por aqueles comprometidos com atos ditos desprezíveis como, na falta de uma palavra melhor, a prostituição.

Tenha certeza, é se "vender". E isso vem com sentimentos de vergonha e humilhação. Mas, se você está se vendendo por um preço suficientemente alto, a duração da humilhação tem um efeito mais transitório. E a distração de adquirir um estranho item de luxo ou — que Deus nos livre — pagar as contas fez a sensação de humilhação se parecer com a vergonha que se sente ao ganhar peso em uma quantidade bastante aceitável.

Então, o que é perder o respeito por si mesmo quando seu contexto é a diminuição da preocupação que se tem com os impostos ameaçadores e com as despesas monstruosas? Por isso, com o tempo, tenho conseguido reorganizar minha definição de dignidade a ponto de ela confortavelmente incluir a dança sensual.

Foi simplesmente algo a que tive que me acostumar — como descobrir que sua irmã mais velha é, na verdade, sua mãe, ou ganhar na loteria mas só poder gastar o dinheiro no dia de Natal. Dificilmente um problema; só precisei de alguma forma de adaptação. Com tempo suficiente, qualquer coisa pode ser alterada, mas coisas como a tortura exigiriam alterações de um tipo que eu mal posso imaginar. No entanto, me acostumar a rabiscar meu nome para estranhos era algo que certamente estava dentro de minhas capacidades.

Além disso, com o tempo, mais e mais celebridades emprestaram seus nomes e rostos superfamiliares para produtos de todos os tipos — desde carros e cosméticos até refrigerantes, adentrando aquela terra do nunca que perpassa os iogurtes. Nada era impossível no evoluído mundo das celebridades patrocinadas. Então, por que eu deveria me envergonhar de passar dias a fio assinando fotos 20x25cm de mim mesma, ou, ainda, assinando a pele de outro ser humano que, mais tarde, tatuaria aquela assinatura ali por toda a eternidade? Por que deveria me envergonhar mais do que Julia Roberts ou Brad Pitt, que promovem perfumes de alta qualidade que todo mundo sabe que eles não usam? Ou Penelope Cruz, que aparece em um comercial suspirando por causa de um cappuccino?

Bem, existem motivos, e o maior deles é que receber setenta dólares por assinatura nem se compara aos milhões que os tipos como o Sr. Pitt ou a Sra. Roberts recebem por uma sessão de fotos de poucas horas. A diferença pode ser comparada a fazer um programa no East Village ou masturbar um duque ou duquesa generosos.

De início, quando fui abordada sobre ir à Comic-Con, a enorme convenção de histórias em quadrinhos, eu disse:

— Vocês não me achariam nem *morta* numa dessas reuniões de perdedores.

Mas acabou que me acharam *viva* nessas reuniões, e com tanta frequência que eu queria estar morta.

— Não quero que isso vire uma prática, então só desta vez, tá? Vou assinar como Princesa Leia. Mas você sabe que eu não sou ela *de fato*, né? Posso me parecer com aquela personagem, que não existe fora da tela nem na forma humana. Bem, talvez eu não me pareça tanto quanto já *pareci*, mas por um bom tempo eu tinha quase a *mesma* cara que ela.

— Pode assinar em nome de Zillondah? É com dois Ls, O antes do N, e A e H no final.

— Ah, vai! Para com essa porra! — posso ouvir você dizendo. — Você quis fazer parte do show business. Agora se vira!

Mas eu não quis! Só que acabou sendo mais difícil ficar fora da briga pela fama do que foi entrar nela.

As celebridades eternas — o tipo em relação ao qual qualquer menção de seu nome interessa a uma porcentagem significativa do público, até o dia da sua morte, mesmo que esse dia venha décadas depois de sua última contribuição real à cultura — são extremamente raras, limitadas a tipos como Muhammad Ali.

A maioria das celebridades é do tipo comum, no qual grandes períodos de silêncio se alternam com breves chamas de atividade que diminuem progressivamente em intensidade e frequência, até que a luz da sua estrela se apaga completamente, enfim extinta. Nesse momento, vemos aquele brilho final de nostalgia que marca a morte do novo ícone perdido.

Então, eu sabia. Sabia que o que aguarda a maioria das figuras públicas que adentram a cena também me aguardava: a tentativa do retorno, a biografia, as restrições da reabilitação (apesar de ainda não haver a opção de continuar em alguma sequência de reality shows na metade da década de 1970). Eu sabia que essa era apenas a natureza desse negócio antinatural. Mas, para azar de outra pessoa no estrelato, lá iria eu. Eu só não tinha pensado numa alternativa viável, então, quando meu lugar ao sol se apresentou, não tive coragem de lhe fechar as cortinas. E não foi só um cavalo dado, foi uma cavalaria inteira!

Mas, por mais inevitável que seja, você conhece algumas pessoas que acham que vai durar para sempre. Aquela linda atriz ali, a esperta estrela mirim de uma nova franquia de sucesso, radiantes de felicidade ou, espere, talvez não tão felizes.

— Desculpe, não tenho tempo para personalizar — diz ela a um fã animado que segura uma foto sua de biquíni, deitada na areia, sob o sol tropical. O cenho do fã se fecha num vinco.

— Mas eu fiquei esperando por quase duas horas — implora ele. — Não posso só...

— NÃO! — responde ela, asperamente, indicando a longa fila que serpenteia atrás dele. — Eles estão esperando há tanto tempo quanto você!

Ela estava de saco cheio de todos esses ávidos devotos se *amontoando* a sua volta.

— Um deles pisou no meu pé! Viu!? — reclama a linda atriz, franzindo o cenho e indicando uma marquinha vermelha no tornozelo. — Ahh — acrescenta ela, para enfatizar. — Quanto tempo mais eu tenho que ficar? — pergunta, com o olhar enfurecido.

Seu assessor se inclina nervoso em sua direção, a cabeça coberta de suor.

— Nós interrompemos a fila na entrada leste. Você só tem que autografar para aqueles que entraram na fila antes de ela ter sido interrompida. Não deve demorar *tanto* tempo. Aceita uma água? Ou um lanche ou alguma outra coisa? — pergunta ele, enquanto a linda atriz revira os olhos, impaciente.

— Jesus — murmura ela, quase inaudível. — Eu quero umas batatas fritas, então. Ou um crepe de maçã. — O assessor suspira aliviado.

— Tá na mão! Não se preocupe. Eu volto em 1 segundo! — diz ele.

A bela atriz dá um sorriso forçado, balança a cabeça, irritada, e se volta para o fã que a espera ansioso. Pisca os olhos na direção dele.

— Já não autografei isso para você? — vocifera ela, deixando-o assustado e sem palavras. — E aí, não autografei?

Desapontados e resignados, seus companheiros mais velhos observam por detrás de suas mesas abarrotadas de fotos, nesse cavernoso centro de convenções, armados apenas com suas canetas e seus sorrisos conformados, do lado negro do que um dia foram suas brilhantes carreiras, seus dias de estar no centro das atenções certamente acabados, sem falar nos seus dias em geral. *Olha ali o Bill Shatner!*

Passam bem menos tempo autografando do que esperando para constranger o próximo fã perdido que está à procura de um saudoso autógrafo. Assinar em fotos que foram tiradas quando estavam certos de todo o seu destino, os futuros brilhantes e multicoloridos, povoados de multidões de admiradores, que se agarravam a cada passo dado, se apegavam a cada uma de suas palavras. O mundo do estrelato nem piscaria. Mas, agora, dorme.

Tal é o destino que aguarda todas as celebridades, pobres coitadas. Esperando por um público que ou não está mais vivo, ou está pouco interessado. Fazendo todo o esforço para parecer otimista enquanto esperam o dia em que seus fãs vão voltar para eles. Toda a atual indiferença tendo sido mero resultado de algum mal-entendido temporário que vai ser solucionado em breve.

Até lá, tudo o que têm a fazer é fingir que não está acontecendo de verdade.

— Não, desculpe. Não posso este final de semana. Tenho uma dança sensual em San Diego.

Era uma metáfora tão óbvia para mim (que a metáfora esteja com você!) que era fácil esquecer de que não era uma nomenclatura aceita no vernáculo popular. Claro, meus amigos e familiares entendiam a referência, mas com muita frequência eu me esquecia de que não tinha esse tipo de intimidade familiar com alguém que apenas muito recentemente adentrara o excêntrico saguão da minha vida. Por exemplo, alguma loja, onde, ao ser confrontada pelo preço superfaturado de um item, eu diria:

— Merda! Não posso pagar até a próxima dança sensual, no mês que vem. — E continuaria andando tranquila, diria mais uma frase ou duas, até perceber o olhar de espanto no rosto da vendedora da loja cara. — Desculpe, desculpe! Não me refiro a uma dança sensual de verdade, embora pudesse muito bem ser. É aquele evento onde eu autografo coisas por dinheiro, que não é nada menos do que ter dinheiro enfiado na minha calcinha e, ah, deixa pra lá, não é isso. Você poderia reservar isto para mim por algumas semanas?

É correto concluir que minhas danças sensuais foram o castigo necessário devido à minha afeição por compras (quer sejam presentes para meus amigos ou meros conhecidos, quer sejam ainda outras antiguidades maravilhosas, como uma mão, um olho ou um pé, um gnomo, uma videoarte ou uma cabine telefônica britânica para o meu lar espirituoso e colorido. (Tenho a estranha bênção de ser capaz de encontrar o charme que é com frequência obscuramente escondido em muitos discutíveis *objets d'art*, sem mencionar animais e humanos.)

Se eu simplesmente não *tivesse* que ter coisas — e fazer doações para aquela causa, ou empréstimos (que, sem intenção, são inevitavelmente presentes) para aquela pessoa —, talvez não precisasse implorar por essa cidade ou por esse país para fazer discursos estranhos ou sessões de autógrafos mais estranhas ainda.

Decididamente, eu estava do lado errado dos 40 anos quando, à medida que o novo milênio nascia, fui abordada primeiro por Ben Stevens (da Official Pix) para saber se eu consideraria fazer "uma sessão". Meu nariz involuntariamente enrugou de aversão. Você não tem que estar desesperada para fazer algo como ficar sentada atrás de uma mesa com uma pilha enorme de fotos e canetas e... haveria até *produtos*!?

Ben sorriu, compassivo.

— *Não* tem produtos — disse ele, enfaticamente, como se para me garantir que essa falta de comércio evidente manteria minha dignidade intacta. — Só autografar fotos, e, se você quiser fazer um dinheirinho extra, pode tirar algumas fotos com os fãs. Nada acima de 50, a não ser que queira tirar mais. O principal, no entanto, é que eu e minha equipe vamos estar lá para garantir que tudo aconteça de maneira tranquila e rápida e, claro, que você ganhe o máximo de dinheiro possível.

Como foi que eu cheguei até aqui? Eu não precisava *tanto* de dinheiro assim, precisava? Bem, tudo depende da sua definição de "precisar". Eu era tão rica quanto o público saturado da mídia achava que eu era (considerando que estava associada a um dos maiores fenômenos geradores de dinheiro da vida da nação)? Sem a menor, menor, menor chance. Apegar-se a pontos ou a alguns produtos não era uma opção para (ou mesmo algo que teria acontecido a) uma menina de 19 anos que assina um contrato para o papel principal num filminho sobre o espaço.

Claro que eu tive uma boa quantidade de dinheiro nos meus 20 e poucos anos. Uau! Eu não tinha que pensar em nenhuma dessas coisas. Podia pagar alguém para se certificar de que as minhas contas estavam sendo pagas e que o meu dinheiro estava bem trancado e sob nenhuma ameaça imediata de furto. Ótimo! Minha postura era:

— Tome conta disso! Apenas se certifique de que eu posso comprar e viajar o máximo possível. Não sou boa com números, então conte enquanto eu me divirto!

Livre de preocupações!

E funcionou bem.

Duas décadas e dois administradores vigaristas depois, eu estava sem dinheiro. Minha casa — ou, para ser mais exata, a casa na qual o banco me deixa viver, por enquanto — foi hipotecada até às alturas, que não eram, como acabamos descobrindo, nada amigáveis.

Eu me tornara uma pessoa rica pobre. Me divertir no estilo a que eu infelizmente me acostumara agora requeria trabalho de verdade. Peguei serviços para escrever textos sobre viagens para revistas, então poderia viajar o mundo, com minha filhinha a reboque.

Quando Billie tinha 4 ou 5 anos, fiz aparições em carne e osso em todas as Disneylândias do planeta. (Ela só sabia que não precisávamos esperar em fila nenhuma, que podíamos ir no brinquedo Matterhorn três vezes e que almoçávamos com o Dumbo!) Então, enquanto era possível que eu ainda não tivesse perdido minha virgindade de convenções quando Ben Stevens veio me chamar, já não era inocente havia muito tempo quanto aos meios de me vender, ou, pelo menos, vender o meu eu-Leia.

> *Seu "era uma vez" começou*
> *O príncipe encantado desvaneceu*
> *Pó alucinógeno a Sininho tomou*
> *A montanha das montanhas em erupção entrou*
> *Seu "era uma vez" começou*
> *Tammy fala com devassidão*
> *Dumbo fez pós-graduação*
> *E a idade de Leia é de 30 e 2 a multiplicação*

Já estávamos nós no enorme — quase do tamanho de um campo de futebol — centro de convenções. Havia muitos de nós, sentados lado a lado a mesas enormes, de frente para faixas de tecido azul ainda mais enormes (cortinas azuis que separavam as celebridades de... quê? De mesas redondas com pilhas gigantes de fotografias de todos os tipos e tamanhos.

Nós havíamos vivido — envelhecido, e em alguns casos (como o meu) ficado mais casca grossa —, mas as imagens não. Nas fotos, estamos parados no trajeto, normalmente em uma cena de um filme antigo, capturados sorridentes ou desmaiados, contempladores ou pensadores para todo o sempre. E, logo abaixo daquela expressão momentânea — daquele meio segundo de todos os anos das nossas vidas —, uma assinatura, mediante uma taxa nominal ou quase nominal — vai ser rabiscada. Essa lembrança, que agora é sua para sempre, apreende dois momentos: aquele de muito tempo atrás, quando a foto foi tirada, e aquele mais recente, quando esta assinatura foi feita só para você (ou para algum amigo sortudo ou parente cuja vida você escolheu generosamente melhorar dessa forma). Dois momentos, décadas de distância, agora unidos para sempre.

Sentamos em várias poses diferentes, esperando nosso próximo compromisso de trocar autógrafos por dinheiro — sim, dinheiro vivo, do tipo em que estão prometendo colocar a foto de uma mulher nos próximos anos. Esse dinheiro os autoriza a escolher a cor da tinta que será usada (a mesa fica decorada com um arco-íris de canetas disponíveis) e o nome do personagem que eles querem que seja escrito abaixo da assinatura do ator. Ah, e talvez também uma fala da tal personagem?

Finalmente, e para muitos o mais importante, a possibilidade de esculpir uma troca pessoal única entre dançarina erótica e cliente erótico, algo que é muito facilmente documentado na era dos smartphones. No mínimo uma *selfie*, mas melhor ainda se for um vídeo do seu ídolo se envolvendo em uma conversa de verdade com você (você!). Uma recordação digital que você vai poder carregar consigo e exibir para aqueles que, esperamos, vão compartilhar do seu entusiasmo — em vez de reagir com ares de pouco caso — até o fim dos tempos, ou pelo menos até o momento em que perder o telefone cujo backup dos arquivos você idiotamente se esqueceu de fazer e perceber que não só perdeu o telefone como também a prova do seu contato com o estrelato.

Mas haverá outra Comic-Con — elas são bem frequentes hoje em dia — na qual, se tiver sorte com os astros, você novamente vai se encontrar em (ou vai fazer manobras para ficar em) proximidade com a mais recente dança sensual de sua celebridade escolhida, que é quando você pode dizer:

— Ei, Carrie, sou eu, Jeffrey Altuna! A gente se conheceu no ano passado na Florida-Con! Estava com aquela garota de Corby, que tinha uma tatuagem da Leia escrava no ombro! É! Isso! Como você está? Estamos por aqui visitando uns amigos em Houston e, por sorte, esse é o final de semana para *isso*. De qualquer modo, essa é a minha esposa, Cheryl. Diga "oi", querida. De qualquer modo... droga, eu perdi o fio do que estava falando. É ótimo ver você de novo. E o Gary! Oi, cara! A língua ainda tá pendurada que eu tô vendo. Ai, meu Deus, ele é *tão* fofo! Temos um poodle misturado, Westie, meu filho mais velho o chama de Woodle. E nós amamos cada pedacinho dele, mas não é nem de perto tão inteligente quanto o seu pequeno aqui. Você criou um perfil no Twitter para ele, como disse que queria? Instagram! Melhor assim! Que fantástico! Quantos seguidores ele tem? Quarenta e um mil? Mais que muitos humanos! Eu vou segui-lo também! Como o encontro mesmo? Gary Fisher, @garyfisher! Isso é brilhante! O que você acha disso? Estou brincando! O que você acha de mim? Algum fã idiota? Não, eu estou brincando de novo! Nós somos muito fãs. Nós amamos você simplesmente por ser quem é, talvez não normal, mas também não *não normal*, entende? Espero não estar falando muito. Acho que é por causa do jeito que a Cheryl tá olhando para mim, ela tem meu número, mas posso te pedir uma coisa? E não estou falando de nenhum furo interno superobscuro e secreto nem nada do tipo, porque eu sei que você não pode dizer, mas o meu vizinho Bob lê sobre tudo isso e ele concluiu que o menino negro tem a pele escura por causa de um feitiço que o lado negro da Força colocou nele. Alguma coisa disso é verdade? Se sim, acene com a cabeça... Eu sei, sei. Desculpe, é que eu prometi ao Bob que perguntaria para você, se te visse, e, bem, cá estamos! Eu não podia deixar uma oportunidade como essa simplesmente, *boom!*, passar em branco, né? Quer dizer, claro, não, é, essa é uma fala e tanto! Eu vou deixar você ir! Eu só queria, tô tão feliz de ver você de novo assim, e devo dizer, estamos *realmente* ansiosos para 18 de dezembro. Não vejo a hora! Ok, tchau, Gary! Agora, cuida muito bem da sua mamãe, tá bem? Tchauzinho!"

Eu preciso que você entenda que não sou cínica quanto aos fãs. (Se pensou que era, você muito provavelmente não gostaria de mim, o que frustraria o propósito deste livro e de tudo mais que faço.) Eu sou movida por eles.

Há algo doce e místico no fato de pessoas esperarem numa fila por tanto tempo. E, com pouquíssimas exceções, as pessoas que você encontra enquanto dança eroticamente são um grupo agradável e divertido. Os filmes da franquia *Star Wars* os emocionaram de algum jeito incrivelmente profundo ou significativo. Eles se lembram de *tudo* sobre o dia em que viram *Star Wars I, II e III* pela primeira vez (e que, agora, obviamente, são *IV, V e VI*): onde estavam, com quem estavam, que obstáculos tiveram que superar (matar aula? Não ir ao treino?), tudo para estar lá. Quando chegaram lá, a experiência superou qualquer expectativa que eles pudessem ter, acarretando uma experiência que mudou vidas. Naquele dia, as coisas pararam de ser do jeito que eram dali para a eternidade.

Então, claro, quando me encontram, muitos dos que foram mudados para sempre querem me contar todas essas coisas e mais um pouco, de maneira detalhada.

Teve uma menina que tatuou minha assinatura na própria bunda, um casal que deu para a filha o nome de Leia Carrie, um cara que mudou o nome legalmente para Luke Skywalker. (Imagine a cara do policial que para Luke Skywalker por excesso de velocidade: "O que houve? Obi-Wan não deixou você usar a X-wing fighter esta noite?".) Eles fazem cerimônias de casamento nas quais, no lugar dos votos tradicionais, dizem:

— Eu te amo.

— Eu sei — responde o outro.

Eles vêm fantasiados, e não são só as mulheres que colocam o biquíni de metal; alguns homens também.

Na maior parte do tempo, eles são gentis e educados, e, como se não fosse o suficiente, aparecem com frequência diante de você usando fantasias incríveis feitas à mão, produzidas por pais obcecados por Alderaan para seus filhos que se alimentam da Força. Pequeninos Ben Kenobis, pequenos Lukes, miniaturas de Darth Vaders e, particularmente meu preferido, minúsculas Princesas Leias.

Essas Pequenas Leias são trazidas para mim como pequenas oferendas, posses valiosas que são seguradas no alto para a minha bênção e louvor, e ambos são recebidos em abundância. As crianças sabem que estão vestidas de "mim"? Claro que não! As que têm menos de 4 anos só sabem que ficaram o máximo, que tem muita gente aglomerada por todo lado, e que elas querem ir logo para casa, ou para qualquer outro lugar que seja diferente de ficar nessas filas com os mesmos tipos enfaixados, vazando de seus trajes *sci-fi*, sem nenhum sinal iminente de fuga.

Uma garotinha chegou perto, a quem tinham dito que ela encontraria a Princesa Leia; imagine a empolgação da menina, isto é, até que ela olhou para mim, ou melhor, para o meu novo eu.

— Não! — lamentou ela, virando a cabeça para não me ver.

— Eu quero a outra Leia, não essa velha!

O pai dela ficou vermelho, e então se inclinou discretamente em direção à minha orelha.

— Veja, ela não quis dizer isso... É que acabamos de assistir aos três primeiros filmes e amamos tanto você em cada um deles...

— Por favor! — interrompi. — Você não precisa se desculpar por eu parecer mais velha para sua filha depois de quarenta anos. Eu pareço mais velha para mim também, e não peço desculpas para mim mesma, embora talvez eu devesse.

Vastas ondas de desconforto se seguiram, a filha incapaz de me encarar e confrontar o que o tempo tinha feito. Tudo terminou bem; prometi fazer uma cirurgia plástica (depois de explicar à garotinha o que era isso) e fiz o pai prometer que leria trechos de *Wishful Drinking* para ela, e que olhariam as fotografias juntos, para que ela pudesse ver como era a Carrie real e como ela podia ser linda, uma vez que a eterna e extraordinária Leia acabasse.

Já os que sabem onde estão raramente aparentam felicidade e, quando finalmente alcançam seu inexplicável destino, ficam paralisados pela timidez e se escondem atrás de qualquer parte dos pais a que tenham acesso através de suas roupas de stormtroopers. Os mais desesperados, confusos ou famintos choram de medo, vergonha ou irritação, ou os três. E olha que faço o meu melhor para acalmá-los. Eu me arrebento toda tentando acalmá-los, porque sua dor é palpável, e eu tenho empatia excessiva.

Por mais que os adultos sejam perfeitamente educados, a meu ver falta certa empatia entre alguns deles. Eles sabem que podem estar me incomodando com seus pedidos — uma *selfie*, uma dedicatória enorme, mais uns extras "para meus amigos, que amam *Star Wars* tanto quanto eu, um deles até mais" —, e eles reconhecem isso rápido e fingem que conseguiriam aceitar uma rejeição. Mas que se foda: eles sabem que não estão me pedindo para fazer nada muito difícil. Apresentam seus pedidos fingindo que eu tenho a escolha de recusar, mas todos sabemos que a mudança corre rapidamente para: "Bem, você quis fazer parte do show business, e, se não queria que as pessoas pedissem o seu autógrafo, nunca deveria ter se tornado atriz".

Eles também querem que você escreva um pedaço de um diálogo, e foi aí que comecei a entender quem eles achavam que eu era Leia. Eu sabia quem ela era para as mulheres, mas os homens realmente gostavam da sua antipatiazinha inofensiva, que era provavelmente ainda menos intimidante, porque eu sou baixa. Todas as falas que me pedem para escrever são do tipo: "Você não é baixo demais para um stormtrooper?" E a mais pedida é "Ah, seu Nerfherder, arrogante, imbecil, cheio de trapos." Eles não se cansam dessa.

Eu me sento na frente de todas aquelas fotos diferentes de mim mesma, de milhões de anos atrás. Não me lembro de quando foram tiradas ou quem eram os fotógrafos. Uma foto específica me deixa feliz e triste; é uma muito popular e nela eu pareço estar alta como uma pipa. Ocasionalmente, gosto de perguntar às pessoas o que elas acharam de mim nessa foto. As pessoas mais amáveis respondem "com sono", "cansada" ou "quase disponível".

Eu estava autografando a foto do meu traseiro pelado quando percebi que fui — e não acredito que vou usar essas palavras para falar de mim mesma — um *sex symbol*. Mas atualmente a reação que às vezes percebo é de decepção, ocasionalmente beirando o ressentimento por eu ter profanado meu corpo ao permitir que minha idade avançasse. É como se eu tivesse tacado papel higiênico em mim mesma, jogado ovos em mim, desfigurado meu rosto, como se fosse uma arruaceira, e alguns deles ficam chocados. Eu queria ter entendido o tipo de compromisso que estava assumindo quando vesti aquela roupa.

Foi verdadeiramente uma honra ter sido a primeira paixão de tantos meninos. Só é difícil entender como eu passei tanto tempo em tantas cabeças diferentes — e tempo de certa qualidade. Outro dia, enquanto terminava de afixar minha assinatura floreada a outra fotografia de meu distante eu vestindo aquele biquíni de escrava, pensei que podia parecer que alguém tinha me convencido de que, se eu autografasse um número suficiente de fotos provocativas, em algum momento magicamente voltaria a ser jovem e magra.

— Você foi minha primeira paixão.

Já ouvi isso tantas vezes que comecei a perguntar quem foi a segunda. Sabemos o que uma primeira paixão significa para um adolescente, mas o que significa para uma criança de 5 anos?

— Mas eu pensei que você era minha! Que eu a tinha notado primeiro, eu era o único que tinha percebido o quão linda você era, porque você não tinha a beleza convencional das mulheres no cinema, sabe?"

Ele percebe que eu posso interpretar mal o que acabou de dizer. Ele não quis dizer isso. Eu o tranquilizo, toco em seu braço. Por que não deixar as coisas mais leves?

— Eu compreendo o que você está dizendo, está tudo bem! Continue!

Ele olha para mim, tentando confirmar se está tudo bem. Eu sinalizo que sim. Ele continua:

— Então, quando eu falei para o meu amigo sobre essa paixão, ele disse: "Ah, sim. Ela é incrível! Sou totalmente apaixonado por ela também. Todo mundo *é*." Eu fiquei com raiva. Podia ter socado a cara dele.

— Por quê?

— Porque você era minha e eu queria ser o seu amado. Talvez até ajudar você... — Ele pareceu envergonhado. — Enfim, eu só queria dizer... — Ele deu de ombros, depois continuou. — Obrigado pela minha infância. — E foi embora.

Uau, que coisa pela qual ser agradecida! Porque ele não se referia a toda a infância; ele quis dizer as partes boas. As partes para as quais ele escapava. Sou grata por essas partes boas que ele dividiu comigo. E essa honra deve ser atribuída a George Lucas. E a Pat McDermott.

— Assistimos ao filme com a nossa filha quando ela tinha 5 anos e estávamos nos perguntando quando deveríamos assistir com nosso filho, que tem 4 anos e meio. O que você acha?

É como se eles estivessem iniciando a criança numa tribo, tem um ritual. Você segura seu filho acima da sua cabeça, o leva até um cenário no estilo de *O mágico de Oz*, coloca o menino no chão como uma oferenda e diz:

— Assista isso.

E aí, você o observa ver *Star Wars*, tentando descobrir o quanto você tem em comum com seu filho, ver com qual personagem ele vai se identificar, para quem ele vai torcer, e esperar que no fim de tudo você ainda consiga amá-lo. (Mostrei para Billie quando ela tinha 5 anos, e sua primeira reação foi de que era muito estridente.)

Se você consegue achar uma linguagem em comum que vai dos 5 aos 85 anos, você encontrou algo especial, e *Star Wars* tem esse algo especial. É como se eles soubessem que têm esse grande presente para dar, a situação perfeita para passar adiante essa coisa que transforma vidas. E as crianças sempre vão se lembrar de como descobriram essa coisa fantástica. *Com seus pais!*

— Minha mãe assistiu comigo quando eu tinha 6 anos — diz uma mãe —, e isso deu um pontapé inicial na minha vida.

As mulheres me perdoam por usar o biquíni de metal, porque sabem que não o estou usando voluntariamente, e deixam os homens o apreciarem e até terem lá suas ereções, pois elas sabem que eu represento algo que vai além disso. Capaz, confiável, igual ou talvez até melhor que um homem. Tenho certeza de que não prestei atenção suficiente a como as coisas eram A.L. (Antes de Leia), mas o filme foi lançado ao mesmo tempo que o slogan popular da época que diz: "Uma mulher sem um homem é como um peixe sem uma bicicleta", e as mulheres de todas as idades estavam felizes pelo fato de eu ter entrado em cena. Uma heroína para os nossos dias.

Eu era algo sobre o qual homens e mulheres conseguiam concordar. Eles não gostavam de mim da mesma forma, mas gostavam com a mesma intensidade, e estavam todos bem com o outro sexo gostando de mim também. Isso não é esquisito? Pense um pouco. E depois pare e reflita, pois é algo realmente importante.

— Desculpe, você poderia usar a caneta prateada? Ótimo, obrigada! Ah, espera, aí não, talvez no espaço perto da sua cabeça? Aí ficaria ótimo. E você poderia escrever o nome da personagem logo abaixo do seu? P.L.O. ? O que isso significa? Palestina alguma coisa? Claro! Princesa Leia Organa. Muito engraçado. Mas você poderia, talvez, escrever Leia também, tipo entre parênteses ou algo assim? Obrigada.

"Isso é tão incrível. Agora eu tenho todas, depois que conseguir a do Harrison, digo. É, certo, com certeza as chances são pequenas, mas não custa tentar, né? Não achei que fosse conseguir a do Mark no início, porque ele não estava autografando logo de cara, e, de repente, disse que ia à festa em San Diego. No início eu não acreditei, achei que fosse cair. Não *cair* cair, mas eu estava com a cabeça nas nuvens, meio tonta.

"Acho que você já deve ter notado que eu sou realmente fanática. Mas, mesmo dizendo isso, não me sinto doida. *Star Wars* me dá uma sensação de *continuidade*, sabe? Tipo, esteve aqui e ainda está e ainda estará. Ainda mais agora, com o novo filme saindo. Digo, assim que disseram que haveria outro filme, eu fiquei simplesmente: uau, sabe? Os sonhos verdadeiramente podem se tornar realidade. É por isso que eu acredito que vou conseguir o autógrafo do Harrison. Claro que as chances são pequenas, mas quem imaginou que haveria um *Episódio VII*, e que vocês estariam nele? Isso pareceria loucura para muitas pessoas. Mas não para mim, porque eu acredito. Eu não acredito como uma religião, isso seria meio psicopata, mas também não acredito como uma *não-religião*, exatamente, entende. Tem o bem e o mal, como uma religião, e milagres, e padres e demônios.

"Para mim a coisa com *Star Wars* tem a ver com as personagens. Elas parecem tão reais para mim, como se você pudesse reconhecê-las se as encontrasse. Como eu estou falando com você. Eu sempre soube que falaria com você um dia. Não sei *como* sabia, só sabia. Quando te vi pela primeira vez em *Uma nova esperança* (e quando começaram a chamar desse nome mesmo? Quando pararam de chamar só de *Star Wars*?), foi como se já tivesse te visto antes. Não, não em *Shampoo*. Eu era muito nova para isso, mas você era tão familiar. Não familiar de um jeito esquisito, mas familiar do tipo... tipo familiar da *família*. Ei! Essas palavras são quase a mesma coisa, né?

"Taí, são coisas assim! Coisas que você não sabia que sabia até... até que fosse como você nunca tivesse sabido. É assim que eu me sinto sobre *Star Wars*. E sobre todos vocês de *Star Wars*. Vocês são a minha família. Claro que o seu galho da árvore era mais especial do que a minha família de verdade, mas, pelo fato de vocês serem incríveis, talvez eu conseguisse ser incrível também, um dia. Mesmo que não fosse, ainda sou parente dos incríveis. Eu sou sua parente.

"Eu me vi em você, e é por isso que eu posso ficar aqui conversando com você. E é por isso que eu parei de ficar nervosa rapidinho. Porque, bem, eu acabei de dizer o porquê. Por causa da Força. Porque ela me move até você e ao seu redor e até a pessoa de frente para você. É como a minha mãe dizia: 'Eu saúdo a luz de Deus em você'. *Isso* é a Força para mim: 'Eu saúdo a luz da Força em você e fora de você.

A luz que se afasta do lado negro. Seja o que for que a Força queira, eu quero. Eu quero a sua vontade. Que a sua vontade, não a minha, seja feita. Me dê o conhecimento da Força onisciente. Me dê o poder de carregar a vontade da Força. Eu sou grata à Força por me empoderar com a luz que brilha em mim, através de mim e no infinito com seus poderosos raios. Que essa Força esteja com todos nós.

"Desculpe, eu sei que devo parecer excêntrica. Eu pareço excêntrica para algumas pessoas, para outras não. Mas eu consigo ver aquela luz em você, a luz da Força que nos une e nos compromete a enxergar que vamos para outro lugar. E aquela que espera por nós, e essa espera é o que muitos de nós chamam de segurança. Eu sinto a Força pegar minha vontade e movê-la vagarosamente, cada vez mais na sua direção; me movendo de maneira tão radiante para o próximo compromisso, ou compromissos.

"E um desses compromissos é o *Episódio VII*. Eu sou uma parte dele, assim como ele é parte de mim. Eu o aguardei por ele por um *tempo muito longo*. Aqueles filmes anteriores não eram *Star Wars*. Jar Jar Binks, Deus! Mas o *VII*! O *VII* é o epítome de *Star Wars*. Eu olho para essas amarrações e confio na sua direção. Eu pulso com cada batida da Força. A sua Força é minha.

"Desculpe, não foi minha intenção não parar de falar assim. Isso acontece quando eu me empolgo e... eu não? Bem, eu estou. Quer dizer, no início eu estava, mas aí eu devo ter ficado mais confortável, seja lá qual for a razão, eu me sinto confortável perto de você. O mais estranho é que vários dos meus amigos dizem que eu pareço com você. Não, eu sei que você não é loira, mas os nossos olhos têm a mesma cor. Sim, cor de avelã. Não? Achei que fossem... que curioso.

Talvez eu esteja te confundindo com a sua mãe. Eu li que os olhos dela eram verdes, mas parecem cor de avelã em várias das fotos dela. Sabia que só os homens podem ser daltônicos? Eu também não!

"Viu? São coisas assim. Quase todo mundo que eu conheço sabia disso, mas eu não, e aí, agora, você também não sabia! Você pega um monte dessas coisinhas, e elas se somam, que deve ser o porquê de os meus amigos acharem que eu lembro você. Quando você era gorda, eu também era! Aí nós tivemos que perder peso, né? Não, a Disney não me mandou um treinador. Acho que eles só estavam preocupados com você. Eles não precisavam que todos que parecem com você perdessem peso também. Você também teve aquela coisa de pré-diabetes? Não? Talvez você ainda tenha, não que eu esteja esperando que isso aconteça. Eu só estava vendo quão mais parecidas nós poderíamos ser.

"A principal coisa para mim é que foi por causa de você que eu tentei ser advogada. Não, no fim não, mas na época eu pensei: 'Ei, se a Princesa Leia consegue fazer tudo o que ela faz, por que eu não posso ir para a faculdade de direito?' Eu tinha que fazer algo equivalente a quando você grita com o Luke e com o Han: 'Ponha isso para lá ou vão conseguir matar todos nós!!!'

"Ah, desculpa. Não achei que fosse ficar tão alto. Só estava tentando fazer como você. É, eu fiquei, não fiquei? Quer dizer, fiz. Eu fiz tão alto quanto você. Você se sentiu bem quando fez? Então, tá bom. Taí outra coisa! Nós duas fizemos dieta, não somos daltônicas e nos sentimos bem gritando. Viu? Uma hora, coisas o suficiente se somam e... certo, *nenhuma* mulher é daltônica, mas isso não importa, porque nós também somos.

"Assim como nós duas temos cachorros chamados Gary! Não falei? Eu achei que tivesse falado logo de cara! Ah, bem, então estou dizendo agora. Eu tenho um cachorro chamado Gary também! Quando? Não tenho certeza, mas foi mais ou menos na mesma época em que você pegou o seu Gary. Talvez um pouco depois, mas eu não sabia do seu Gary quando peguei o meu. Pelo menos, não *conscientemente*. Você não tuitou sobre isso, né? Imaginei que não. Eu só sei que tive um impulso doido para comprar um cachorro um dia, certo? Eu tinha ficado muito doente, com bronquite. Tive febres muito altas que me fizeram ter aqueles sonhos super-reais, e em um sonho eu estava com você, e nós duas tínhamos um buldogue francês chamado Gary. O estranho é que eu acho que nunca tinha ouvido falar desse tipo de cachorro. De qualquer forma, eu sonhei que tínhamos esse buldogue preto, e, assim que me dei conta, o meu pai comprou o cachorro para mim. Uma doideira, né? Muitas pessoas acharam que eu estava copiando você, como sempre. Mas como eu podia ter te copiado se foi o meu pai que o comprou para mim, baseado no sonho que eu mal consigo me lembrar que tive?

"Então, essa é só mais uma coisa. Você tem que admitir, tem alguma coisa meio assustadora, não? Nós nos parecemos, temos o mesmo cachorro, quase a mesma cor de cabelo e problemas com peso. Tudo vai se somando depois de um tempo, você tem que admitir. Algumas pessoas podem dizer que é coincidência, mas mesmo se fosse seria uma doideira de coincidência.

"Ei! Talvez nós consigamos cruzar os nossos Garys! Não, o meu Gary é menina, então pode dar certo. Não seria o máximo? Quer dizer, seria o resultado perfeito para todo esse rolo de maravilhas! Ele é? Bem, essas coisas podem ser revertidas, não podem? Não? Uma castração não pode ser desfeita? Mas se você verdadeiramente acredita que ele pode, então ele pode! Nós poderíamos usar a Força para desfazer, e depois fazer filhotinhos para vender no Twitter! Ou não vender. Mas nós vamos anunciar o milagre. A segunda vinda de... o encontro de Gary. O Gary e a Gary. Gary Ui! Ui de "*oui*", que em francês (como em buldogue francês) significa "sim". Então, sim! Vamos fazer uns filhotes de buldogue!"

Eu vi que alguém estava reclamando sobre o quanto as celebridades cobram por autógrafos nesses eventos, e em nossa defesa alguém disse:

— É, você sabe, pode custar tanto assim agora, mas, quando ela morrer, com certeza vai valer muito.

Então, a minha morte vale alguma coisa para algumas pessoas. Se eu tivesse muitas fotos autografadas, alguém podia colocar um alvo em mim.

Claro que eu ainda dou autógrafos de graça. Nas exibições de filme, por exemplo, onde os farejadores profissionais de autógrafos perseguem você por todo lado, zurrando e mordendo seus calcanhares, balançando fotos na sua cara, até aparecer alguém cujo autógrafo é mais valioso (ou mais atual). Nesse momento, eles abandonam você até que aquela superestrela fuja num carro, ou pela porta, e então voltam para você a galope.

— Srta. Fisher, por favor! Eu voei lá de Newfoundland!

— Srta. Fisher, por favor! Eu sou apaixonado por você desde que era um garotinho! — diz um senhor de uns 60 anos.

— Srta. Fisher, eu quase fui vítima no 11 de setembro — diz uma mulher. Bem, então, tudo bem, você pensa. Essa pessoa podia ter morrido. Onde eu assino? Mas... espera aí. Você pensa por um momento. O que isso realmente significa? Ela estava no World Trade Center, mas conseguiu fugir de alguma forma? Estava no metrô e ficou presa no centro da cidade quando o primeiro avião colidiu? Fez uma entrevista para trabalhar com Cantor Fitzgerald, mas não conseguiu o emprego? Tinha um emprego nas torres, mas não ouviu o despertador tocar e se atrasou, então não estava à sua mesa quando... E assim por diante.

Mas você pode perguntar qualquer uma dessas coisas a ela? Mais importante: você *quer* perguntar? Você quer ser a pessoa que questiona a validade da história de quase tragédia de alguém, só porque não quer autografar um pôster? Se for uma mentira, se essa mulher inventou essa história para garantir que você não apenas autografaria o pôster dela, mas sim quatro deles? Pior, cinco? Falando nisso, que tal um maravilhoso total de onze?

Então, e se não for verdade, e ela estiver inventando uma história sobre ter fugido por um triz de estar numa situação terrível, quando estava na verdade em casa, como o resto de nós, idiotas grudados na TV? Se for, então ela acaba de ganhar o prêmio de fã disposta a mentir sobre seu envolvimento numa das tragédias mais solenes que já marcaram essa terra, e a se arriscar ir para o inferno por causa de um autógrafo *sci-fi*.

Não. Não pode ser verdade. Melhor não pensar nisso.

Considerações finais

Fui ao Madame Tussauds para ver a estátua de cera que fizeram de mim. Bem, de mim não, na verdade. Se fosse minha, seria alguém deitado na cama, vendo filmes antigos na TV, bebendo Coca com uma mão e ajeitando a língua do meu cachorro, Gary, com a outra. A estátua que fizeram foi do meu eu Princesa Leia.

Não que eu seja grande fã do meu rosto, mas, ainda assim, é meu. Não importa o lado de que você olhe. Eu não gostava do meu rosto quando deveria ter gostado, e, agora que está derretido, me lembro daquele rosto com afeto. As pessoas me mandam fotos do meu jovem rosto pré-liquefação o tempo todo. Pré-liquefeita e furiosa, muitas pré-liquefeitas e furiosas, na verdade. Agitada. Frustrada. Meu rosto tenso de... bem, frustração, na maioria das vezes.

Eu me faço de feliz em algumas fotos. Superfeliz, mais do que feliz. Chapada em algumas, é mais provável, mas sorrindo, arreganhando os dentes de felicidade. Olhando cheia de adoração para algum cara, tanto em cena como fora dela — às vezes as duas coisas.

Qual expressão Madame Tussauds escolheu para preservar o meu rosto? O meu eu Leia impassível. Vislumbrando calmamente o futuro, com Jabba the Hut rindo pacificamente atrás de mim. Por que ele deveria rir? Com o que ele tem que se preocupar? Com certeza não com seu peso. Ou ele tem ossos largos, ou não tem osso nenhum. Ele podia se dar bem esta noite, mas para que se incomodar? Tendo a mim como sua escrava impassível e suada e aquele ratinho fantasiado irritante para entretê-lo: ele tem uma vida ótima. Uma vida em que Leia e eu esperamos e planejamos dar um fim muito em breve. Mas, ei, podemos planejar o quanto quisermos, porque agora estamos presos para sempre no âmbar invisível, ficando bem parados para que você possa ser fotografado com todos nós, caso esteja a fim.

No entanto, a principal coisa que você percebe sobre a Leia de cera é que ela está quase nua.

Ao se aproximar da minha sósia, ela pode parecer um tanto casca grossa ou suada, então mantenha distância se isso te incomoda! Ela pode não ter um "sinal sensual" na lombar, mas eu também não teria se pudesse evitar. Talvez o meu eu de cera pudesse me substituir quando meu eu de carne não estivesse mais a fim. Mas o meu eu de cera teria que fazer tudo o que fosse necessário usando aquela porra de biquíni.

Todos os outros foram vestidos com as roupas convencionais do primeiro filme. Eu tive que usar a roupa que Jabba escolheu para mim. Jabba the Hutt, o fashionista. Jabba the Hutt, a Coco Chanel do estilo intergaláctico. Lança tendências, se dedica à moda, lidera os looks femininos no seu mundo, no seu planeta e outros. Na cera, sempre vou estar com a roupa escolhida pelo bandido Jabba. Na cera e sem cera, sempre vou estar com cara de chapada.

Eu raramente falei em detalhes sobre Leia, e não deliberadamente em nenhum evento. As pessoas perguntam sobre ela o tempo todo. Como ela é? Quais são os seus planos para os episódios *VIII* e *IX*? Como estão as coisas com Harrison? Ele está se sentindo melhor desde o acidente com seu caça estelar (ou qualquer outro tipo de avião/nave espacial que estivesse pilotando no dia em que bateu)? Por que eu não estava com ele? Aposto que agora eu estou feliz por ter ficado em casa. Não o deixaria pilotar por um tempo, né? Isso deve ter sido assustador, mas também ele sempre foi imprudente, não foi? É por isso que vocês formam um casal tão bom. Você é uma das poucas pessoas que não o tiram do sério.

Quantas vezes considerei Leia responsável por eu não ser levada a sério como escritora? Quantas vezes se referiram a mim como "atriz Carrie Fisher" e não escritora/atriz? Tantas vezes que ficaria envergonhada se você descobrisse que importava tanto para mim!

Quando você é a Princesa Leia, não espere muito para ser qualquer coisa menos Leia, ou você vai parecer muito ingrata por esperar e querer ser qualquer outra coisa além da icônica, ultrafabulosa, suprema alteza — a Resistência é tudo para ela e ela é tudo para mim —, à altura e sem incluir os desastrados, estranhos e desajeitados. Esse é o tipo de merda com que eu tenho que lidar entre as crises por ser a destinatária de todas as coisas concernentes a Leia. Quem é uma rebelde sortuda? Eba! Leia!

contece que ela importa para mim. Leia. Infelizmente. Às vezes sinto como se preferisse me preocupar com... quase qualquer outra coisa. Mas o que aconteceu foi que passei a maior parte da vida (comecei aos 19 anos e continuo animadamente até hoje) sendo tanto eu mesma quanto Leia. Responder perguntas sobre ela, defendê-la, ficar de saco cheio por ser confundida com ela, ser ofuscada por ela, lutar contra o ressentimento que guardo contra ela, fazê-la minha, me encontrar, fazer companhia a ela, amá-la... e querer que ela finalmente vá embora e me deixe ser eu mesma, sozinha. Mas pensar quem eu seria sem ela, descobrir o orgulho que tenho dela, certificar-me de ser cuidadosa e não fazer nada que possa refletir negativamente nela ou que ela fosse reprovar, me sentir honrada por ser sua representante na Terra, por ser sua cuidadora, por fazer o meu melhor para representá-la, tentar entender como ela poderia se sentir, fazer o que posso para ser digna desse papel. Então, me sentir mais do que ridícula e querer que isso simplesmente desapareça da porra da minha frente, deixando que eu seja quem era esses anos todos atrás.

Quem eu poderia ter sido antes de Leia ter me eclipsado, informado e irritado. Antes de ficar ressentida quando outras pessoas tentavam colocar palavras na boca de Leia sem me consultar! Quer dizer, eu tenho que decidir tudo o que é referente a Leia entre as continuações apenas? Quando ligam a câmera, tenho que memorizar um script que me entregaram?

O que eu seria se não fosse a Princesa Leia? Um grande e enorme nada, sem nenhuma carta de fã para chamar de minha? Alguém que não teria que defender seus direitos de não ficar bonita num biquíni depois dos 40 (dependendo do meu nível de retenção de líquidos)? Sem ter um cabelo horrível para relembrar com melancolia? Sem ter passado noites em claro na cama, criticando a mim mesma e desejando não ter usado aquele sotaque britânico ridículo de Dick Van Dyke enquanto conversava intensamente com um homem mascarado, que no fim das contas era meu pai; embora ele tenha usado um dentista ruim de certa forma, que fez um tratamento de canal em mim, sem anestesia, como forma de tortura? Se ele sabia que era meu pai, por que faria algo assim? A não ser que a intenção fosse me mostrar quão bom era meu verdadeiro pai na vida real! Se era isso: uau! Que perspectiva maravilhosa (embora tenha sido indiscutivelmente transmitida de forma perigosa) me forneceram!

Infelizmente, essa perspectiva me foi transmitida tarde demais para fazer algum bem real de fato na minha vida. Poderia ter sido feita para me desafiar, me obrigar (se você preferir); feita para forçar as coisas a me fazerem bem. Foi feita porque ele confiou que eu teria força suficiente para conseguir aplicar esse insight! Deus nunca nos dá mais do que podemos suportar, então, se Deus te dá muito, considere isso um elogio. Acho que você entendeu a essência da minha viagem.

O que eu seria se não fosse a Princesa Leia? Nunca faria uma dança sensual das celebridades, ou seria considerada uma atriz séria, ou usaria o termo *nerf herder* como se entendesse apesar de não ter entendido mesmo. Nunca teria conhecido Alec Guinness ou sido um holograma e recitado (com seriedade) um discurso de que lembraria para o resto da vida, até ficar demente, porque tive que recitá-lo muitas vezes, ou atirado com uma arma, ou levar um tiro, ou não teria usado lingerie por estar no espaço.

Nunca, nunca, nunca (estou soluçando ao escrever isso) seria exposta em demasia. Ou tido fãs adolescentes do sexo masculino pensando em mim cerca de quatro vezes por dia em lugares reservados, nunca seria necessário perder quantidades enormes de peso, nunca veria meu rosto a milhões de quilômetros de altura há muito tempo atrás quando isso era uma boa ideia, nunca receberia um quarto de ponto do lucro bruto dos filmes.

Nunca teria a Força, nunca teria uma irmã gêmea, nunca seria amiga... não de um macaco, mas talvez de uma enorme criatura cabeluda, que é temperamental e que uiva. Nunca teriam me perguntado se eu achava que tinha sido objetificada por me sentar silenciosamente, usando um biquíni dourado, no colo de uma lesma gigante e cruel, que gargalhava, e enquanto todos à minha volta conversavam alegremente? Nunca teria ido a um aeroporto e ouvido alguém gritar: "Princesa!", como se esse fosse meu nome de verdade, possibilitando e requerendo que eu me virasse e educadamente respondesse: "Sim?". Nunca teria meu planeta inteiro destruído na minha frente (incluindo minha mãe e toda a minha coleção de CDs), nunca teria falado com robôs ou criaturinhas que pareciam ursos e a quem daria lanchinhos depois. Nunca me perguntariam: "Quem você acha que seria se não fosse uma princesa estelar?"

Eu seria eu.

Sabe? Carrie.

Apenas eu.

Agradecimentos

Não há palavras para Paul Slansky. Há, no entanto, algumas expressões faciais. De preocupação, que você abominou, e de alívio regozijante, que você causou. Não são meras palavras — existem milhares delas, frases e parágrafos cheios delas. Nós as perfilamos-perfilamos-perfilamos gentilmente até eu gritar de exaustão, exaustão e, depois, de alegria. Redimimos este manuscrito. Sempre que ficava introspectiva, com frequência topava com você. A Billie, por ser melhor do que eu poderia merecer ou imaginar. Mas, por favor, arranje uma arrumadeira. Vegas sempre estará lá. A minha mãe, por ser tão teimosa e atenciosa em morrer. Eu te amo, mas todo aquele lance de emergência e quase morte não foi engraçado. Nem PENSE em fazer isso de novo de forma nenhuma. A Corby por ser a melhor assistente e companheira de viagens que poderia ter, trabalhando por tantas horas que eu não conseguia ver o fim delas, ajudando a fazer deste livro o melhor que poderia ser. Você compensou mais do que além por aqueles que vieram antes de você. A David Rosenthal por sua assistência com o texto, etc., e por todo esforço em fazer com que tudo ficasse terminado e pronto como *fast food*. Sim, você é bom para os judeus. Aos senhores e senhoras Stephen

Fry, Beverly D'Angelo, Caren Sage, Ben Dey, Simon Green, Helen Fielding, Buck e Irene Henry e Clancy Imislund pela estrutura e paciência. Dave Mirkin, Bill Reynolds, Melissa North Chassay e família, Gloria Crayton, Byron Lane, Donald Light por salvarem a vida da minha mãe e protegê-la de demônios e prostitutas; Fred Crayton por manter a vida empolgante e por estar pronto para todas as coisas; Seamus Lyte, Fred Bimbler, Michael Gonzalez, Gayle Rich e prole, Gilbert Herrera, Bryan Lourd por seu DNA, Paul Allen, Maritza Garcia, Roy Teeluck, senhor e senhor Rufus Wainwright, Connie Freiberg por encontrarem todos aqueles primeiros poemas e me conhecerem pela minha longa vida inteira e não se importarem com isso; senhores e senhoras James Blunt e filho, Blanca "Bubbles" McCoin por ser uma esposa tão boa para a sua metade; Graham Norton por manter segredo, J. D. Souther, Charlie Wessler, Griffin Dunne, Gavin de Becker, Bruce Cohen, Kathleen Kennedy, Dennis King,Sean Lennon, Cynthia, Martyn Giles, Cindy Sayre, Ruby Wax e família, Ben Stevens, Azar, Michael Rosenbaum, Art, Dr. Mike Gould, Edgar Phillips Senior and Junior, Annabelle

Karouby, François Ravard, Kenny Baker, Katie Zaborsky, Timothy Hoffman, Penny Marshall, Michael Tolkin, Wendy Mogel, Nicole Perez-Krueger, Carol Marshall, Peter Mayhew, May Quigley, Ed Begley Jr., Salman, Meddy, David Bathe, Johnny McKeown, Tony Daniels, Bruce Wagner NÃO, Sheila Nevins, Fisher Stevens, Alexis Bloom, Nina Jacobsen, Joely e Tricia Fisha, Todd e Cat Fisher, J. J. Abrams por me aguentarem duas vezes, e Gary.

E

Melissa Mathison.

Você é amada. Sentimos sua falta.

Este livro foi composto na tipologia Minion Pro,
em corpo 11,5/15,2, impresso em papel off-white,
no Sistema Cameron da Divisão Gráfica
da Distribuidora Record.